マックス・ヴェーバー

——主体的人間の悲喜劇

今野　元
Hajime Konno

岩波新書
1834

はじめに——「闘争」の政治学

二一世紀の世界は「闘争」に満ちている。二〇〇一年九月一一日、ニューヨーク世界貿易センターの白煙は、新時代到来を告げる狼煙となった。S・ハンティントン「文明の衝突」論が再び話題となり、トルコや南欧諸国に押し寄せた難民の奔流は、欧州に変容を促した。経済統合から政治統合へと進み、「大統領」職設置や「憲法条約」審議まで試みていた欧州連合(EU)だったが、指導国のドイツ連邦共和国がいち早く難民申請受付を表明すると、難民流入に直面するイタリア、ギリシア、ハンガリーなどとの間に亀裂が走った。イギリスは国民投票でEU離脱を決め、スコットランド、北アイルランドでは紛争が再燃しつつある。ギリシアやポーランドは、「過去の克服」の模範国だったはずのドイツに、新たに戦時賠償を求め始めた。ドイツ国内でも、財政の傾いた南欧諸国のドイツ依存や、移民・難民の際限ない流入を批判し、ドイツ国家の主体性を求める新興政党「ドイツのための選択肢」が、五パーセント条項の障壁を越えて各州議会、次いで連邦議会に進出した。メルケル連邦宰相は二〇二一年の退陣を予告し、その後のドイツおよび欧州の指導体制は見えていない。ロシア連邦は、冷戦終焉後に続いた西欧勢力の東漸に憤慨し、クリミア併合で反転攻勢に出た。冷戦後世界の単独覇権国だったアメリカ合衆国は、対イスラム戦争や中華人民共和国の台頭で余裕を失い、あるいはB・オバマ政権の成立やH・ロダム・クリントンの立候補といった「リベラル」台頭への反動から、「アメリカ第一」を呼号するD・トランプを大統領に選出し、孤立主義に回帰し始めた。東アジアでは、中華人民共和国が周辺諸国に脅威を与え、朝鮮半島情勢も流動化している。対米敗戦後、日米同盟に安住してきた日本も、アメリカ退潮のなかで、将来構想の練り直しを余儀なくされている。二〇二〇年初頭、武漢に端を発した新型コロナ・ヴィールスは、瞬く間に世界を席捲した。「グローバル化」を謳歌する雰囲気は消え、各国は国境を閉鎖し、「例外状態」の様相を呈してきた。

この新しい「闘争」の最中に、奇しくも法学者・経済学者・社会学者マックス・ヴェーバー(一八六四―一九二〇年)が歿後百周年を迎えた。E・トレルチュも述べたように、ヴェーバーの学問業績はいかに深遠に見えても外皮であり、その内側には政治の人ヴェーバーがいた。その彼の鍵概念こそ「闘争」(Kampf)である。「闘争」とは同輩の抵抗を排して自分の意志を貫徹する行為であり、物理的暴力を用いない場合は「競争」と呼ばれる(I23: 192ff.)。ヴェーバーにとって「闘争」とは、「主体性」を錬磨するのに必要な道場だった。主体性とは、自立性でもあり攻撃性でもある。「近代」(フランス革命から世界大戦まで)は、際限のない「闘争」、つまり階級対立・民族対立・列強角逐の時代であり、ヴェーバーはその渦中で人々の闘志を煽った。このヴェーバーこそ、国民社会主義（Nationalsozialismus、いわゆる「ナチズム」）で最高潮を迎えるドイツ・ナショナリズム史の一里塚であり、二一世紀の「闘争」状況とも通じる人物である。

本書は、このマックス・ヴェーバーの「人格形成物語」（Bildungsroman）を描く試みである。その狙いは、個別作品の鑑賞ではなく、それを生み出した文脈、つまりヴェーバーの生涯およびそれを取り巻く歴史的文脈の解明にある。こうした手法的転換を、本書では「伝記論的転回」（biographische Wende/biographical turn）と呼んでいる。本書は伝記研究であるため、人名や科目名などを詳しく記載する方針を採っている。なおドイツ史研究として、ドイツ語地名は基本的にドイツ語発音で記載することにしている。

本書はドイツの『マックス・ヴェーバー全集』（MWG: Max Weber-Gesamtausgabe）に依拠している。この『全集』は、ヴェーバーの著作を収集し、校閲しただけでなく、書簡、講義録、学生の論文評価、大学への献策、訴訟の資料などに至るまで、その知的軌跡の網羅的収録を目指したもので、近年ほぼ完結した。この『全集』に典拠がある場合は、頁数を略記した（「I1: 20f.」「II5: 202ff.」とは、「MWG I/1の二〇・二一頁」「MWG II/5の二〇二頁以下」の意味）。なおⅠは著作篇、Ⅱは書簡篇、Ⅲは講義篇である。引用部の強調は原文のもので、また引用中の表現は、史料としての性格から著者の意図を尊重して訳した。

ヴェーバー家

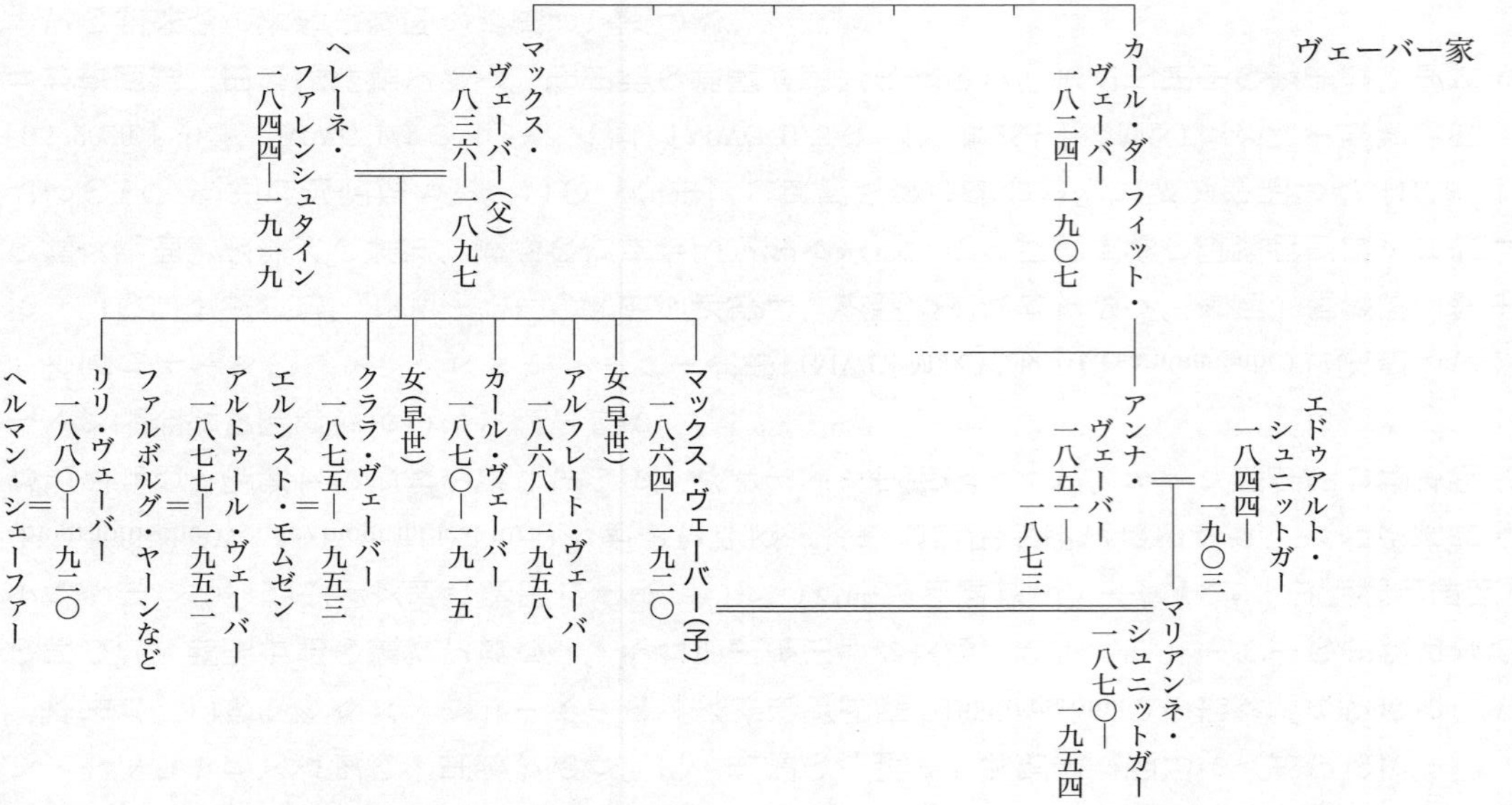

MWG 第二部付録より作成

ファレンシュタイン家

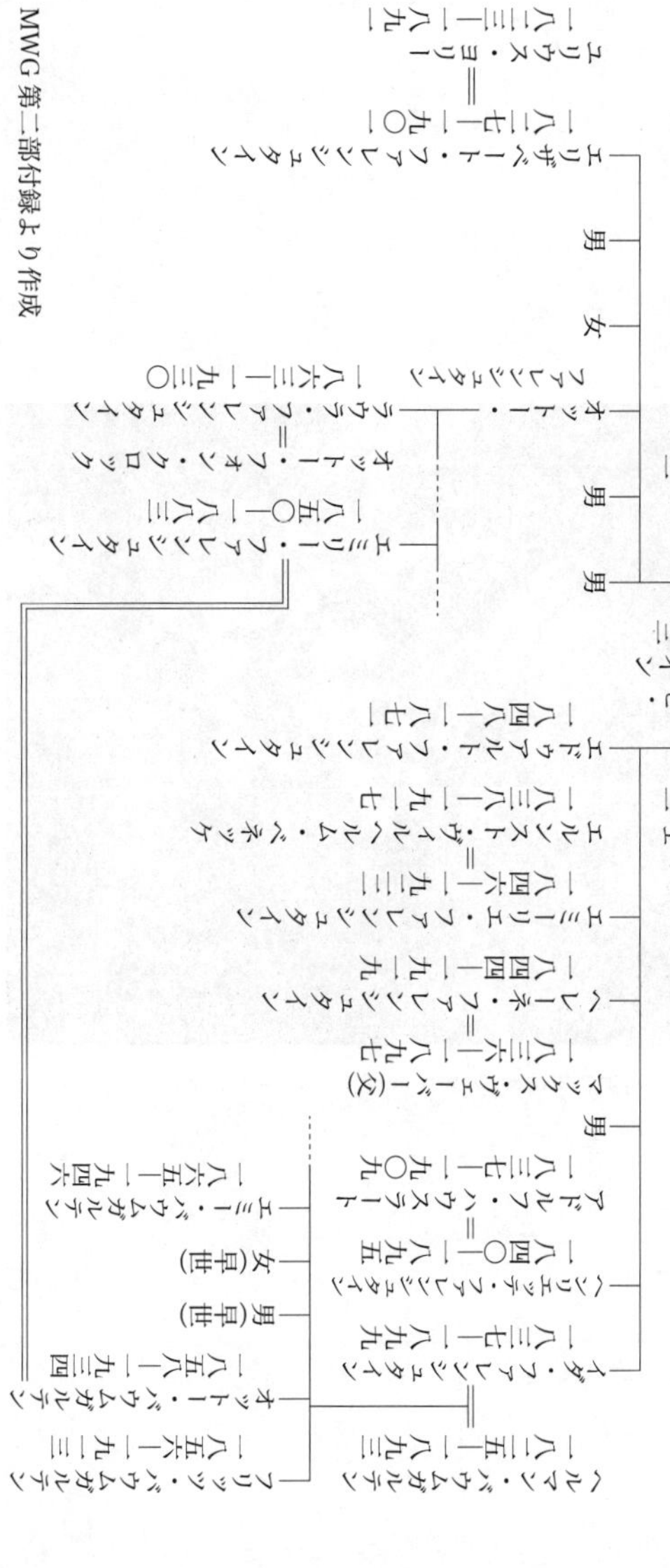

MWG 第二部付録より作成

1917年のマックス・ヴェーバー

目　次

第一章　主体的人間への成長　一八六四―一八九二年

1　絶頂の西洋・勃興するドイツでの誕生

誕生

「昨日夕刻、我が愛する妻ヘレーネ（旧姓ファレンシュタイン）は、無事に力強い男子を出産した。エルフルト　一八六四年四月二一日　都市参事会員・博士マックス・ヴェーバー」

M・ヴェーバー（マクシミリアン・カール・エミール・ヴェーバー）の「力強い」誕生を告げるこの『国民新聞』の広告は、彼の闘いの人生を予感させるものだった。

ヴェーバーは自由主義政治家の父マックス、敬虔なカルヴィニストの母ヘレーネの間に第一子として生まれ、絶頂の西洋・勃興するドイツの只中を生きた。大学に入ったヴェーバーは、兵役でプロイセン軍に出仕し、博士号を取って法曹となり、やがて大学教授を目指す。本章では、就職までのヴェーバーの軌跡を見ていく。

西洋による世界統一

一九世紀半ば、西洋の勢力は絶頂に達していた。西洋は、産業革命で巨大な経済力・軍事力を手にし、世界の他文明を圧倒した。また西欧（英米仏）は、市民革命で自由、平等、人権、民主主義といった理念を掲げ、これを「普遍的価値」として世界に広める「道徳的征服」を始めた。物質的にも理念的にも勢いを増した西洋は、アフリカや中近東に進出し、東アジアにも及んだ。イギリスは、フランスとインドや東南アジアの利権を競い、オランダを追って鎖国下の長崎港に乱入し、セポイの蹶起を契機とするインド大反乱を圧伏し、阿片戦争で清国から香港などを奪取した。ロシアは千島列島を襲撃し、アメリカは艦砲を轟かせて日本に開国を強要した。世界は西洋（西欧）を中心として一体化し、政治・経済から学問・芸術・食事・衣服・髪型まで西洋（西欧）流が世界標準となる「グローバル化」の時代が始まったのである。

図1　マックスおよびアルフレート・ヴェーバー兄弟の「生家」（エルフルト）

ただ西洋は一体ではなかった。「デモクラシーの帝国」フランスは、軍人皇帝ナポレオン一世のもと欧州大陸を席捲し、イギリスやロシアまで屈服させようとした。フランスの敗北後に成立したメッテルニヒのヴィーン体制は、大国間勢力均衡による平和維持を図ったが、のちにナポレオン三世の侵略主義が現れて動揺をきたした。こうしたフランスの膨張主義に、いつも待ったをかけたのがイギリスである。世界大国イギリスは、すでに海上競争でスペイン、ポルトガル、オランダを降していた。イギリスはハノーファー選帝侯国と同君連合（同一君主を頂く国家連合）で、ドイツの有力領邦エステルライヒ(英語ではオーストリア)、プロイセン(英語ではプロシア)と交互に同盟を結んで対仏戦争を展開した。

ドイツの主体性確立

周辺諸国の蹂躙を受け続けたドイツは、一九世紀に団結および台頭の時期を迎える。中世ドイツは古代ローマ帝国を継承した神聖ローマ帝国の中核地域であり、ドイツ王は欧州の政治的最高権威たるローマ皇帝を兼ねた。ところが近世になると、帝国は宗教改革で分裂し、フランス・トルコ(オスマン帝国)の挟撃に遭った。フランス、スウェーデン、のちにはさらにロシアが帝国国制の「保証国」となり、帝国政治に介入した。フランスの侵略はフランス革命で最高潮に達し、ナポレオンはドイツの中小領邦にライン同盟結成を強要し、神聖ローマ帝国を崩壊せしめた。このフランスによるドイツ支配は、フランスのような外的脅威に対抗するドイツ国民国家を、フランスを参考に構築しようという対抗運動を生むことになる。一八六六年にドイツ戦争(普墺戦争)が勃発すると、新興国プロイセンがドイツ連邦を破壊して議長国エステルライヒを降し、ドイツ国家統一の主導権を奪取した。一八七〇年にスペイン王位継承問題のこじれから、フランスがプロイセンに宣戦布告すると、多くのドイツ諸国はプロイセンと連帯してフランスに決戦を挑み、エステルライヒもそれを容認した。ドイツ皇帝が一八七一年一月一八日にヴェルサイユ宮殿で即位宣言をしたのは、数百年続いたフランスの侵略に対するドイツ諸国の意趣返しである。フランスはこれで永遠に欧州での覇権を失ったが、国内で新興国ドイツへの復讐心を募らせ、やがて中世以来の宿敵だったイギリスと接近するに至る。

ドイツ帝国やエステルライヒなどを含めたドイツ語圏の発展は著しかった。経済ではドイツ帝国はイギリスを凌駕し、アメリカに次ぐ工業大国となりつつあった。遅ればせながらドイツ帝国も植民地を獲得し、ピジン・イングリッシュのようなドイツ語の言語的変容も始まった。学術部門ではドイツ語圏の研究者が先駆的成果を次々に生み出し、ドイツ語が国際学問語として普及し始め、ドイツ語圏の大学が欧州内のみならず英米圏やアジアから留学生を集めた。ドイツ語圏の学界では、医学、法学、神学、哲学、歴史学などが全盛期を迎えながら、近代の社会変化への興味から、経済学、社会学、心理学、人類学といった新しい学問も台頭した。初代帝国宰相としてドイツ帝国のかじ取りを担ったビスマルクは、超保守派の出身ではあったが、プロイセン首相となって間もなく社会主義運動の闘士Ｆ・ラサールと連絡を取り、のちには国民自由党を味方につけ、「統一と自由」を求める各種進歩派勢力と連携した。イギリス議会すら普通選挙を採用していない一九世紀後半、いち早く普通選挙法を導入したドイツ帝国議会では、増大する工業労働者を支持基盤としたドイツ社会民主党が第一党となり、分邦議会などにも進出しつつあった。皇帝の一存で任命される帝国宰相にも、予算・法律を決める帝国議会を無視した行政は不可能だった。このように一九世紀末のドイツは、当時の世界を見渡すならば、いかなる意味でも先進国の一つであって、後進国では全くなく、欧州の周縁でもなかった。

ヴェーバーの立ち位置

絶頂の西洋・勃興するドイツはヴェーバーの知的営為の前提となった。前者は彼の宗教社会学の、後者は政治評論の出発点である。少年ヴェーバーには、家庭で歴史を描く趣味があり、「インド＝ゲルマン諸国民における民族の性格・民族の発展・民族の歴史についての考察」(一八七九年)では、F・v・シラーの概念を用いつつ世界諸民族の精神を比較している。その末尾では、自由を愛する「インド＝ゲルマン人」が称揚され、「セム精神」を象徴する専制でもなく、また共和制でもない「立憲君主制」に、国制の最終到達点が見出されている。それはどことなく、ゲルマン人の自由に至る世界史を回顧したG・ヘーゲル『歴史哲学講義』を連想させる展開であり、また当時流行の反ユダヤ主義とも共鳴する内容となっている。また少年ヴェーバーは、「シュタウフェン家」(一八七六年)、「ドイツ史の経過一般――特に皇帝と教皇との地位に留意して」(一八七七年)と、繰り返しローマ＝ドイツ皇帝に関する作文を書いているが、そこにはドイツ中世の偉大な君主への憧憬が綴られている(III: 601-636)。一八七九年七月には、ヴェーバーは父マックス、長弟アルフレート、次弟カールと独仏戦争(普仏戦争)の古戦場をめぐり、軍事史家のように詳しい見聞録を従兄に送った。その翌年夏には、彼はグラーツ伯領やケーニヒグレーツなど、墺普対決の舞台を一人で旅行した(III: 173ff., 209-231)。

2　自由主義政治家の家庭での生活

三つ巴の思想

フランス革命を契機に、欧州諸国では保守主義、自由主義、平等主義の争いが始まった。前近代の人間は、身分、職業、性別、宗教などによって権利・義務が異なることに慣れていた。だが近代になると、そもそも人間とは一般に生まれながらに自由で平等だという抽象的人間観が勢いを増していく。「そもそも人間とは一般に」という発想自体を疑い、地域の歴史のなかで育まれた秩序を重視する右派(保守派)を凌駕して、フランス革命後には欧州各国で、近代政治理念を唱道する左派(進歩派)が増大していった。だが左派は増大するにつれて内部分裂し、「自由」に重きを置く自由主義陣営と、「平等」に重きを置く平等主義陣営とに別れていった。平等主義の嚆矢は宗教寛容論および社会主義で、前者は宗教戦争を経た宗派共存の必要性から発達したが、後者は産業革命による社会経済的不平等の経験から発達した。二〇世紀以降、平等主義は多様化し、新しい潮流として性的平等主義、人種的平等主義、反西洋中心主義などが台頭した。

四つの部分社会

一九世紀後半のドイツの政治党派は四つの陣営に分かれていた。保守陣営(ドイツ保守党、自由保守党など)、自由主義陣営(国民自由党、進歩人民党など)、社会主義陣営(社会民主党）、カトリック陣営（中央党）である。右派は、君主制や教会に寄り添いつつも、明確な社会的目標を掲げぬまま保守陣営に集まった。保守陣営は徐々に縮小していったが、当時は財産に応じた等級選挙が行われ、都市より農村を重視した選挙区割になっていたために、比較的長く議席数を維持した。自由主義陣営は、国家権力による個人の自由の制約には反対し、法治国家原理の徹底や法の下の平等を求めたが、教養や財産によって生じた階層分化は当然とし、君主制の存在も疑わず、民主主義には場当たり的な対応をした。二〇世紀に入ると、自由主義陣営は社会主義陣営に左派の主導権を奪われ、選挙で後退していく。社会的不平等の廃絶を目標とする社会主義陣営は、徹底した平等化のためには体制転覆や独裁も必要だと主張した。なおエステルライヒを除外したドイツ帝国で少数派に転落したカトリックは、その多くが思想・階級の違いを越えて一陣営をなし、中央党に結集した。つまり社会主義陣営、自由主義陣営、保守陣営に三分岐したのは、主としてプロテスタントであった。なお社会主義陣営、自由主義陣営、保守陣営は、労働者層、市民層、貴族層と同視されることも少なくない。だが実際には、社会主義に共感する貴族も、君主や教会に忠実な労働者もいた。

ドイツ・ナショナリズム（ドイツ人であると自負し、ドイツ的と思われるものを維持・拡大しようとする思考）は、この四つの陣営の全てに跨っていた。ドイツ国民国家形成運動の主役だった自由主義陣営は、ナショナリズムの熱心な担い手だった。彼らはイギリスを自由の国として崇敬することもあり、またギリシアやポーランドなど東欧の解放運動に共感を示すこともあった。保守陣営は、一九世紀半ばまではドイツ国民国家形成に消極的であったが、ドイツ帝国成立後は現実に順応し、自由保守党、ドイツ保守党はナショナリズムの担い手となっていく。カトリック陣営は当初エステルライヒを含む大ドイツ的国民国家を支持し、徐々に小ドイツ的なドイツ帝国にも順応したが、教皇を中心とする普遍的ネットワークを有したことから、「黒の国際派」と批判されることも多かった(聖職者の黒服に由来する)。社会主義陣営は、帝国主義戦争の批判者であり、「万国の労働者よ、団結せよ！」との主張もあって、「赤の国際派」だと非難されることもあった(革命家の赤旗に由来する)。だがその社会主義陣営も、各領邦に蟠踞する保守陣営を打倒するためにドイツ政治の統一化を求め、あるいはロシアなど専制国家から自衛するという意味で、ナショナリズムを肯定することがあった。ちなみに「金の国際派」(守銭奴の意味)、つまり法的には平等となっていたユダヤ系住民(ユダヤ教徒、元ユダヤ教徒およびその子孫)に対する違和感は、欧州社会の各所に伏在していたが、彼らのなかにはF・J・シュタールのような保守主義思想家も、F・ハーバーやL・ベルンハルトのような燃えるドイツ愛国者も、A・アインシュタインのような平和運動家も、K・アイスナーのような革命家もいた。

自由主義政治家の家庭

M・ヴェーバーは国民自由党政治家マクシミリアン・ヴィルヘルム・ヴェーバーの第一子として育った。父マックスは都市行政を専門とする地道な人物だっ

図2　ヴェーバー家（長男マックスは右端）

たが、子供たちに政治というものに触れ、国民自由党の巨頭たち（党指導者R・v・ベニクセン、プロイセン財務大臣J・v・ミーケル、ベルリン市長A・ホーブレヒト、プロイセン文書館長H・v・ジーベル、ベルリン大学教授（近代史）H・v・トライチュケ、同（古代史）T・モムゼンなど）と交流する機会を用意したと、のちに妻となったマリアンネは伝えている。当時の政治的・学問的エリートとの密接な交流により、ヴェーバーは知的劣等感のない生来のエリートとして育った。とはいえその交流の範囲は、おおむね自由主義陣営あるいは市民層という一つの「社会倫理的環境《ミリュー》」（M・R・レプシウス）のなかに留まっており、出会いの多様性に限界があったことは否めない。父はまた息子たちを旅行に連れ出し、ドイツ史の名所旧跡を見せた。さらに母方（ファレンシュタイン家）の伯父たちには有名人が多く、J・ヨリーはバーデン大公国首相であり、H・バウムガルテンはシュトラスブルク大学歴史学教授であり、A・ハウスラートはハイデルベルク大学神学教授であって、いずれも小ドイツ的統一や反カトリック闘争の闘士だった。

偉大な指導者への憧憬

ヴェーバーは少年期から政治指導者に興味があった。前述のように彼は中世のローマ＝ドイツ皇帝に憧れていたが、さらにアテナイの奸雄アルキビアデス、ローマ皇帝ディオクレティアヌス、コンスタンティヌス一世、「背教者」ユリアヌスにも、才能に富み勇敢な英雄だとして、道徳の彼岸で共感を懐いていた。これに対しヴェーバーは、「カティリーナ弾劾演説」をしたローマの共和主義政治家キケロについては、有徳だが動揺している、退屈だ、見苦しいと否定的評価をした(III1: 121f., 126ff., 189など)。

首都の郊外に住んでいた少年ヴェーバーは、君主たちの姿を見かけては心躍らせていた。自由主義者なら君主に反発するのが常道だと考えるのは、二〇世紀後半の一面的な固定観念である。偉大な指導者を敬愛することは、潑溂たる人間の主体性を求めるという点で、自由主義に通じる面もある。一八七八年一二月、暗殺未遂事件で負傷した初代ドイツ皇帝ヴィルヘルム一世がベルリンに還幸し、市民の熱狂的歓迎を受けたときには、ヴェーバーは「勝利の栄冠に輝ける爾《なんじ》に幸あれ」、「ラインの守り」を合唱する群衆の只中にいて、その感激を詳しく書き留めた(III1: 130–138)。一八八八年三月九日、老帝崩御に悄然としているベルリン中心街の有様も、学生ヴェーバーは伯父に詳しく書き送っている(II2: 145–150)。

一八八〇年代後半の青年ヴェーバーは、自由主義陣営が衰退していく様子を見て危惧していた。彼は兵役などを経てベルリンに戻った際に、それまで以上にドイツ政治を意識するようになっていた。実家に戻った直後の一八八四年秋に、彼は父マックスやグナイストを含めた多くの国民自由党員が帝国議会で議席を喪失したことに衝撃を受け、宮廷・大聖堂説教師A・シュテッカーの社会保守主義が台頭してくるのに脅威を感じ、伯父バウムガルテンに危機感を訴えている(II1: 468-477/II2: 213, 231)。

図3　ドイツ皇帝・プロイセン王ヴィルヘルム二世

ヴェーバーは五歳年上の皇帝ヴィルヘルム二世をドイツの新しい指導者と見て、当初は期待を寄せていた。一八八八年六月一五日、末期癌だった二代目のフリードリヒ三世が在位九九日で世を去り、三代目のヴィルヘルム二世が二九歳で即位した。三か月後、ポーゼン州での将校訓練で新帝の親閲する軍事演習に加わったヴェーバーは、その颯爽たる姿に目を見張った。だがヴェーバーは、早くも即位翌年には若い皇帝の「ブーランジェ的＝ボナパルト的」発言に苦言を呈するようになり、やがて皇帝「親政」の執拗な批判者となっていく。強い憧憬が一転して強い嫌悪に変わったのだった(II2: 175, 213, 230-231, 268)。

3　プロテスタント世界での知的冒険

M・ヴェーバーと言えば「プロテスタンティズムの倫理と資本主義の「精神」」を想起する者も多いだろうが、彼とキリスト教信仰との関係は単純ではない。ヴェーバーはエルフルトで幼児洗礼を受け、プロテスタンティズム世界を去ることなく一生を終えた人物だが、T・ニッパーダイのように彼を不可知論者に分類する研究者もいるほどである。

プロテスタンティズムの家庭環境

宗教改革以来、ドイツでは教皇のもとに残ったカトリックと、教皇から離反したプロテスタントとが対峙し、後者はさらにルター派、カルヴァン派などに分かれた。プロテスタンティズムとは、要するに人間の主体性に目覚めたキリスト教である。それはルネサンスで芽生えた批判精神が宗教の領域で発展したものであり、また教皇の普遍的支配に対するドイツ国民的アイデンティティの発露でもあった。プロテスタントはカトリックを、旧式の儀礼や制度に固執する愚昧の輩だと知的に軽蔑し、カトリックはプロテスタントを、時流に迎合し正統にして普遍的な信仰から脱落した異端だと否定していた。

ヴェーバーはプロテスタンティズムの生活世界で生育した。父マックスは信仰に興味が薄く、上級市民に相応しい邸宅や社交を求めたが、母へレーネはカルヴィニズムを自分の母エミーリエ(旧姓スーシェ)から受け継いで婚家に持ち込み、シャルロッテンブルクで貧民救済事業を組織した。母の姉イダの次男オットー・バウムガルテンは牧師になっていた。成長したヴェーバーは、宗教に対して不寛容で、牧師を偽善者とみなす、父ら「旧世代の自由思想」と衝突するようになり、敬虔な母に与した。一年間の教会学校通学を経て、ヴェーバーは一八七九年三月三〇日にシャルロッテンブルクのルイーゼ教会(ルーテル派)で、H・ミュラー牧師から堅信礼を受けた(III: 4ff, 147f./II2: 394)。

信仰への両義的態度

青年ヴェーバーは信仰に寄り添う態度を示した。彼は堅信礼の直前、信仰への確信が全くないと本気で主張する者は実に不幸であって、信仰への疑念を懐くことがあり得ても、その克服により信仰心が強化されるのだと述べている。一八八二年四月にハイデルベルク大学に入ると、ヴェーバーは大学での礼拝に参加したが、それがおおむね簡潔で、自由な説教が行われていることに好感を懐いた。同年一一月五日に父方の祖母が死去した際には、孫ヴェーバーは祖母を「キリスト教精神および真の寛容の権化」と呼んで称えている。また堅信礼を前に信仰について悩む長弟アルフレートに、マックスは「兄およびキリスト教徒として」、「我々の教会」で説かれている教義の意義を説いた。彼は今日の「我々の文化」全てがまずはキリスト教に由来すること、キリスト教徒を名乗らぬ者も含め、全ての人類がその影響下にあることを強調し、教会共同体の一員となることは「偉大なキリスト教的文化発展」および「全人類」の更なる発展に奉仕する権利および義務を引き受けることだと説いた。ヴェーバーは就職活動でも、自分の宗派をプロテスタンティズムと届け出ており、一八九三年九月二〇日には新婦マリアンネの故郷エールリングハウゼン(リッペ侯国)の教会で、従兄オットー・バウムガルテンの司式で結婚式を挙げた(III: 148, 265, 300, 405–407/II2: 25f., 214)。

だがヴェーバーにはキリスト教を鵜呑みにできない面もあった。伯母イダや母ヘレーネらの敬虔さに彼は好意を示してはいたが、違和感を表明することもあった。一八八四年五月、ヴェーバーはイダが預っていたオーストラリア出身の娘ラウラ(ローラ)・ファレンシュタインを、彼のシャルロッテンブルクの実家に迎え入れるという提案に怯《おび》えている。彼は、キリスト教ではなく「例の極端なキリスト教主義の最後の帰結」であるラウラの「従順でないところ」が、実家に不協和音をきたすことを危惧したのだった。ラウラはのち渡米し、ドイツ系移民のM・O・v・クロックと結婚して、一九〇四年にヴェーバーと現地で再会することになる(II1: 414, 658)。またヴェーバーは兵役中にイダから米神学者W・チャニングの著作を借りた際には深謝したが、職業軍人を殺人集団と同列に置くその戦争論については、母ヘレーネに「まことに非実践的」、「明らかに非難すべき」と述べている。倫理的権利を守るためのやむを得ない戦争は許容されるが、それについては個々人の良心が決断すべきだというチャニングの説も、ヴェーバーには安易な逃げ口上と思われた。またヴェーバーは、アメリカがメキシコなどに「掠奪戦争」を仕掛けたときに用いた傭兵制についても、チャニングが把握していないとした(もっとも米墨戦争(一八四六年)はチャニングの執筆(一八三八年)以後の事件だったが)(II1: 430f., 567–569)。

後年ヴェーバーは、道徳的なことで自分は母の「問題児」だったと述べているが、これはキリスト教倫理に対する彼の挑発的態度を念頭に置いた発言だろう(II2: 302)。母ヘレーネは、好みの讃美歌を子供たちに教え込もうと日曜の朝食前に歌わせてきたが、息子マックス、アルフレートはもう自発的には教会に行ってくれないと嘆いてもいた(II4: 6)。一八九〇年代以降、ヴェーバーが現実政治に傾斜すると、イエスの教えには人間の主体性を抑制する面があると、ますます感じるようになっていく。また古典古代の「異教的」世界への興味も、キリスト教に収まらない彼の精神世界の幅広さを示すものである。

結局ヴェーバーは、キリスト教に没入はできないが、それをそれなりに尊重し、ともに歩むという人生を歩んだと言える。のち一九〇九年になって、ヴェーバーはF・テンニースへの書簡でこう述べている。「私は、そのような形而上学的・自然主義的な傾向の反教権主義にも、主観的に誠実なまま参加することが全然できません。と言いますのも、私は確かに宗教的に全く「音痴」で、宗教的性格を帯びた何がしかの精神的「建築物」を自分のなかに建てるような欲求も能力も有していません――そういうわけには決していきませんし、というより私はそれを拒否します。ですが私は、よくよく考えてみると、反宗教的というわけでも、非宗教的というわけでもないのです」(II6: 65)

カトリシズムへの違和感

なおヴェーバーは、その日常的・政治的・学問的な場で辛辣なカトリシズム攻撃を繰り返し、その意味ではまことにプロテスタント的だった。そもそも宗教改革以来、プロテスタンティズムにはカトリックの揶揄が付き物である。少年ヴェーバーは、まず前述の「インド＝ゲルマン諸国民」論で、多神教であるカトリシズムは南欧人には向いているが、北方では勢力を維持できないと述べている（キリスト教以前の北方の多神教世界は、ここでは度外視されている）。また「ドイツ史の経過一般」で彼は、ドイツと並んで強大だったが宗教改革に抗したスペイン、イタリア、フランスなどは没落して、宗教改革に協力的だったイギリス、オランダ、プロイセン、一時的にさらにスウェーデン、デンマークは勃興したと説明した。くわえて彼は、ハプスブルク家が「宗教」を奉じてドイツ民族を抑圧しようとして、一八六六年に罰を受けたのだとし、最後にビスマルクのローマ教皇に対抗する言葉「我々はカノッサには行かない」を文末で引用して、折からの「文化闘争」への共感を表現した。この一節は、彼がバート・ハルツブルク近郊で訪れたビスマルク記念碑の碑文で見付けたものでもあった。文化闘争はビスマルクのカトリック陣営への攻勢だったが、カトリック教会を前近代的で進歩の敵だとみなす自由主義陣営にも、多くの支持者がいたのである（III: 53, 618f., 635f.）。ビスマルクが文化闘争の幕を引く際にも、ヴェーバーはこの政策が宗教弾圧とみられることを拒否し、道徳的な優位が自分たち反カトリック側にあるとの主張にこだわった。自分の側に理があることへの固執は、晩年のドイツ戦争責任論批判にも通じるものがある(II2: 72)。中央党指導者L・ヴィントホルストが死去した際にも、その遺影を「聖ヴィントホルストの聖像画」などと呼んで、カトリック信仰を揶揄している(II2: 238)。のちにヴェーバーは、ポーランド人農業労働者問題でも、アイルランド旅行(一八九五年)でも、晩年の『経済と社会』でも、カトリックの因循姑息、倫理の希薄さ、魔術的性格などを繰り返し指摘している(II3: 136, 140/I22-2: 155, 310, 345-369, 381ff. など)。

図4　フライブルク大聖堂入口

だがそれでいてヴェーバーは、自分を取り巻く窮屈なプロテスタント的環境で窒息寸前になってもいた。癒しを求めてカトリック地域へ旅行に行き、教会芸術を堪能し、庶民の振舞を冷やかな目で観察するのは、彼の趣味の一つだった。特に父が死去した直後の一八九七年にバスク・カタルーニャ旅行で訪れたルルドでは、巡礼者や宗教施設の様子を注意深く描写している。カールスバートから遁走し、イタリアで美を堪能したゲーテを想起させる行動様式である(II3: 397-404)。カトリック系法学者のC・シュミットは、一九七一年にこう嘆息している。「マックス・ヴェーバーは不思議なことに全く……彼はカトリシズムについて何も知らなかった。カトリシズムは彼にとって、一つの審美的現象だったのだ」

4　学校での精神的・身体的成長

ギムナジウム

学校は青少年の人格形成に大きく影響する。M・ヴェーバーは中等教育・高等教育を受け、教師や学友との交流をするなかで、知的基盤を構築していった。

ヴェーバーはプロイセン王国のエルフルト生まれだが、ベルリン育ちである。一家はベルリン郊外シャルロッテンブルク（Leibnizstraße 19）に移住し、彼は同地で私立デッベリン校を経て、一八七二年から王立皇后アウグスタ・ギムナジウム（大学進学のための中等教育学校）に通った。一八八一年夏、彼は差し当たり成績で学年一位になったので、ゼダン戦勝記念日式典のための愛国的募金を収集する任務を負ったと苦笑している（III: 2, 10, 242）。

ギムナジウム時代のヴェーバーが励んだのが西洋古典語学習だった。当時のドイツのギムナジウムでは近代語学習は重視されておらず、彼もフランス語の授業は受けたが、英語は個人的に学んだだけだった。一八七八／七九年には、担任教諭が古典語教師であった。彼は学んだ古典語の知識を、家族や親類への書簡で好んで披瀝した。そして古典古代に関する作文を三つ残し、古銭に刻印された皇帝らの肖像を模写し、帝都コンスタンティノポリス（今日のイスタンブール）の地図を描いた（III: 10, 41, 102, 126, 140, 185, 211, 242 など）。

大学と学生組合

一八歳のヴェーバーは一八八二年春に大学に入ると、ギムナジウムで表明していた通り法学を専攻し、さらに幅広く学んだ。彼はハイデルベルク大学で、I・ベッカーのローマ法（法学提要・学説彙纂）・ローマ法史講義・私法演習、歴史家B・エルトマンスデルファーのフランス革命史講義・一六四〇年以降プロイセン国家史講義・ルネサンス期イタリア文化史講義・歴史学演習、哲学者K・フィッシャーらの哲学史講義（特にカント、ショーペンハウアー）、経済学者K・クニースの国民経済学・一般国家学講義、H・シュルツェのドイツ国家・法制史講義、O・カルロヴァの家族・相続法講義、C・ハインツェの刑法講義などを受けた。さらにヴェー

図5　シャルロッテンブルク・ライプニッツ通

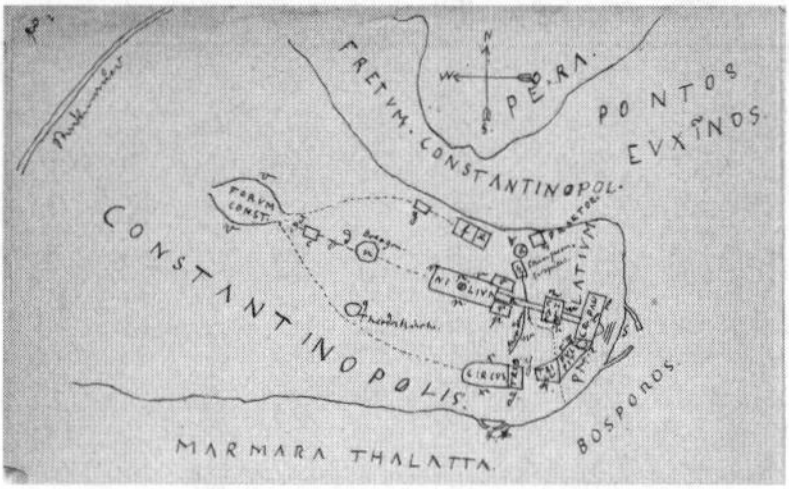

図6　少年期作文「ローマ帝制期」（コンスタンティノポリスの図）

バーは、ドイツ語圏の習慣に従い、シュトラスブルク大学、ゲッティンゲン大学、ベルリン大学と渡り歩くことになる（III: 13, 637f.）。

学業と並行して学生ヴェーバーが熱中したのがブルシェンシャフトだった。ブルシェンシャフトはドイツ語圏の学生組合の一つである。学生組合は、「レナニア」、「フランコニア」、「アレマニア」といったラテン語地名（それぞれライン地方、フランケン、西南ドイツを意味する）を冠する学生集団で、団員たちは華やかな制服を身に着け、クルール（シンボルカラーのたすき）をかけ、麦酒《ビール》を鯨飲し、愛国歌・愛郷歌を合唱し、剣術を鍛錬し、喧嘩しては決闘し、大学の学生牢に叩き込まれた。学生組合は、貴族出身者が多いコール、市民出身者が多いブルシェンシャフトなどに分類されるが、とりわけブルシェンシャフトには自由で統一した祖国ドイツを求め、ヴィーン体制の立役者メッテルニヒから弾圧された過去があった。学生組合はドイツ愛国主義を牽引し、男らしさを強調する団体であった。

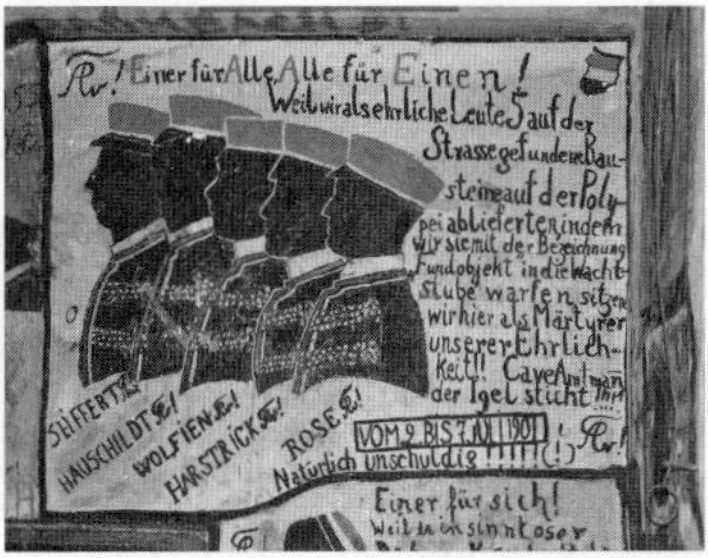

図7　ブルシェンシャフト・アレマニア（ハイデルベルク大学牢の壁画）

ヴェーバーは少年期から学生組合に興味を示していた。これはイエナ大学でブルシェンシャフト生活を謳歌した伯父バウムガルテンの影響によるものらしい（III: 70）。ハイデルベ

図8　シュトラスブルク皇帝ヴィルヘルム大学(現ストラスブール大学)

ルク大学に入ったヴェーバーは、熱心な勧誘を受けたブルシェンシャフト・アレマニアに入って、剣術に励む日々を送った(シンボルカラーは赤白黒)。ラインバッハの研究によると、当初父がゲッティンゲン大学で参加したブルシェンシャフト・ハンノヴェラとつながりがあったブルシェンシャフト・フランコニアに入る可能性もあったが、アレマニアの先輩には、B・エルトマンスデルファー、O・ギールケ、母方の祖母の実家スーシェ家の人々がおり、妻マリアンネの父E・シュニットガーもアレマニアと友好関係にあるブルシェンシャフトの団員だった。アレマニア団員としてのヴェーバーは、夜に外で「爾清らかな古きハイデルベルクよ」と愛郷歌を口ずさんで警察沙汰となり、危うくハイデルベルク大学副学長だった伯父ハウスラートに学生牢に叩き込まれそうになっている(当時はバーデン大公が学長を兼務していたので、副学長は事実上の学長)。なお自分の正当性を頑なに主張するというヴェーバーの行動様式は、学生組合の決闘精神にも符合する(III: 274)。

ハイデルベルクやシュトラスブルクでローマ法を中心に歴史学、経済学、哲学などを幅広く勉強したヴェーバーは、ベルリンやゲッティンゲンに移ってからはドイツ法中心の勉強をした。

一八八四／八五年冬学期と一八八五年夏学期、彼はベルリン大学で法学に力を注いだ。聴講したのはL・エーギディの国際法講義、G・ベーゼラーのドイツ私法講義、H・ブルンナーのドイツ法制史・商法講義、R・グナイストのドイツ国法・プロイセン行政法・刑事訴訟法講義などである。なお法学学習と並行して、ヴェーバーはトライチュケの講義「国家と教会について」にも出ている。一八八五／八六年冬学期、ヴェーバーはゲッティンゲン大学でF・フレンスドルフのドイツ行政法講義、R・W・ドーフェの教会法講義、C・L・v・バールの民事訴訟法講義を聞き、F・レーゲルスベルガーの民法基礎演習、R・シュレーダーの商法実践演習に参加している(III: 473f., 550-552, 638)。

トライチュケ　ここで注目すべきはトライチュケである。トライチュケはプロイセン主導のドイツ統一を称揚するドイツ史叙述で人気となり、これを曲学阿世と非難するバウムガルテンと論争になっていた。ヴェーバーは父と同様、大学入学前からトライチュケ『一九世紀ドイツ史』の愛読者で、ハイデルベルクで伯父バウムガルテンとの論争勃発の噂を聞いたときも、当初はトライチュケ支持の伯父ハウスラートに近かった(III: 202, 305f.)。のちヴェーバーは、従兄オットーの結婚式を契機にバウムガルテンとの接触が増え、彼のトライチュケ批判にも理解を示していくが、一八八七年四月のバウムガルテンの誕生日に、よりによって彼の論敵トライチュケの古い詩集をわざわざ入手して贈呈した。ヴェーバーは、トライチュケの初期作品にはなお「基本的には本当に理想的な特徴」があり、それは「軍国主義的あるいはその他の傍若無人さの崇拝」、すなわち「いわゆる現実主義の文化」(Cultur des sog. Realismus)とは対置されるという(II1: 317, 323, 342f./II2: 69f.)。のちヴェーバーは、体調不良だった一八九八年八月にも、療養院に久しぶりに訪ねてくる妻マリアンネに、一緒にその『一九世紀ドイツ史』第一巻の読書をしようと誘っている(II3: 575)。

図9　ハインリヒ・フォン・トライチュケ

青年ヴェーバーのトライチュケ評には、のち講演「職業としての政治」(一九一九年)で披露された「責任倫理」、「信条倫理」の原初形態が見える。「責任倫理」とは、政治家は自分の信条をやみくもに推し進めるのではなく、望む結果を導くために目的合理的に行動するべきだという考え方である。これに対し「信条倫理」とは、目的のために信条を安易に犠牲にするのは主体性のない話で、政治家は自分の信条に忠実であるべきだとする考え方である。この「責任倫理」と「信条倫理」との間で揺れ動いたのが、政治におけるヴェーバーであった。

ただベルリンで一学生としてトライチュケの講義を聴いたヴェーバーは、反ユダヤ主義的言辞などに熱狂する若者たちを見て、「教壇預言」の問題性を認識するようにもなった。つまり教師が教壇から自分の世界観を説き、学生たちがこれに心服するという状況に、違和感を懐いたのである(III: 473, 522, 528, 530)。

5　プロイセン軍での鍛錬

軍隊と主体性

若きM・ヴェーバーは軍隊でも錬磨された。兵役は苦役だ、個人の抑圧だという発想もあるが、軍隊を好み、軍務で爽快感を懐くという人間もいる。また軍務の内容や軍隊内での地位によっても、その人間の主体性が発揮されるか、抑圧されるかが変わってくる。ヴェーバーはやみくもに戦争を求める人物ではなかったが、必要と思われる戦争には敢然と参加し、予備役将校であることを誇りとする近代ドイツ人だった。彼の軍隊への関心は早く、すでに一一歳時の母への手紙で自宅に宿泊した兵士を描いている(III: 29)。

やがて一九歳のヴェーバーにも兵役を果たすべきときが来た。彼の実家があったプロイセン王国には、一年志願兵という制度があった。これは大学入学資格者が、兵役時代の費用を自弁するなら、本来三年間の兵役を一年間で終了でき、勤務地も選択できるほか、のちに予備役将校になる可能性を得られるというもので、知識人を軍隊生活になじませるために考案された、プロイセン近代化政策の産物である。

エルザスでの入営

ヴェーバーは一八八三年一〇月に、独仏戦争以来エルザス(仏語ではアルザス)に駐屯していたプロイセン陸軍第二ニーダーシュレジエン第四七歩兵連隊を選び、入営した。彼は同地のシュトラスブルク大学にも登録して伯父H・バウムガルテンの歴史学演習に出席し、教会法学者R・ゾームの講義などにも顔を出した。兵営生活は肉体的に苦痛で、知的にも不毛だったが、それでも彼は兵士であることを誇りとし、好奇心に満ちていた。彼は家族への私信で演習や軍隊生活を詳しく描写し、わざわざ「一年志願一等兵」などと署名している。半年後、ヴェーバーは小隊長に昇進して、部下を怒鳴りつける役柄となり、将校からも礼儀正しく扱われるようになって、すっかり自尊心を取り戻した。署名も「一年志願伍長」とするようになっていた(III: 18, 361-420, 454, 638)。

一年で兵役を済ませたヴェーバーは、のち「予備役将校」(兵役後に予備役・後備役軍人として登録し有事に軍隊指揮官となる民間人)となるべく、幾度も軍事訓練に参加した。一八八五年春の訓練で上級伍長になったヴェーバーは、一八八七年一月末からの訓練には陸軍少尉として参加し、国際関係の緊張で兵営が慌ただしくなる様子も体験した。ヴェーバーが新帝ヴィルヘルム二世に期待したのは、一八八八年の訓練の最中だった。一八九四年の訓練を経て彼は陸軍中尉になり、一九〇三年にいったん退役するが、第一次世界大戦勃発で現役復帰を志願し、一九一五年一月に陸軍大尉になっている(III1: 18-20/II2: 46, 175)。

軍隊生活はドイツ帝国の多様性を体感する場ともなった。上級市民層出身のヴェーバーは、軍隊で労働者層出身の兵卒（兵役は三年）に出会い、彼らの行儀良さ、一年志願兵への敬意に感心した。さらに彼はカトリックあるいはポーランド人など、帝国内の異なる宗教・民族出身の兵卒とも出会った（III1: 399/II2: 46f.）。「今私は、この一週間半ほどある一分隊を率いていて、どいつだか、分隊のポーランドの不潔な子豚が、明け方になって髭を剃らず、顔を洗わず、ぷんぷん嫌な臭いをさせて勤務に出てきたとき、いつも責任を取らされるという光栄に浴していますす。私はまさに一日中兵営をぶらつき回って、軍隊の「清潔さ」と不潔さとを思い知ることができるという寸法です」（III1: 411）。このように、出会いはしばしば先入観の形成にもつながっていった。

ポーゼンでの教練

ヴェーバーの連隊がドイツ東部のポーゼン州に移転したことで、彼はポーランド人居住地域を目にする機会が増えた。「日曜日になると、大聖堂から農民のすごい人込みが押し出されてくる様子が見られます。彼等は徒歩で、あるいは荷馬車に乗って聖アーダルベルトの墓所へやってくるのです。多くの者は訳のわからない藁葺き屋根みたいな形をした髪型で、幾世代にも受け継がれていて、つまり個々人の体に合わせて仕立てたのではないやたらと長いフロックコートを着ており、一部の者は羊の毛皮を着ています。タタール人の中にでもいるような感じを人に与える顔つきも見えます。婦人の衣装は、我々に言わせれ

図10　ポーゼン旧市街(現ポズナン)

ば彩り豊かといったところですが、美しいとはいえないし、品が良いともいえません」(II2: 169f.)。「木曜日、金曜日には、我々はベンドレヴォに泊まりました。これもまたどの駅からも何マイルも離れているのです。泊まったのはポトツキ伯爵の城館です。彼は正しく大盤振舞で、半ばアジア的な絢爛さをもって、文字通り銀や金の器で我々にご馳走してくれました。そしてその際、その量の多さにおいてはほとんど野蛮ともいえる贅沢さを展開していました」(II2: 175)。ここで「タタール人」、「半ばアジア的」、「ほとんど野蛮」という表現が用いられている点は見逃せない。

こうしてポーランド人イメージを醸成したヴェーバーは、一八九〇年代にポーランド人移動労働者の流入反対論を唱え、一世を風靡することになる。

第二章　社会ダーウィニズムへの傾倒　一八九二―一九〇四年

1　法学博士号・教授資格の取得

博士論文の執筆

近代ドイツ大学の精神は「研究と教育との一致」である。これは大学を、学生にとっての就職予備校ではなく、教師とともに学術研究をする場だと見る発想である。

それによれば、学生は大学で、一定年限で規格通りの知識を習得して世に出るのではなく、知的創造を体験することになる。つまり学生は、講義に出て試験を受けるだけでなく、演習で報告し論文を執筆するのである。ベルリン大学法学部に移ったヴェーバーも、二五歳のときに学生時代を締め括る博士論文に取り組んだ。

ヴェーバーの博士論文の論題は、中世北イタリアにおける商事会社発展史であり、いわば資本主義の起源を扱ったものだった。この博士論文は、歴史法学の系譜に連なる商法教授L・ゴルトシュミットの演習における研究を基にしていた。このゴルトシュミットはダンツィヒ出身のユダヤ人で、ヴェーバーの祖母E・ファレンシュタインの家に居住していたこともあった。主査はゴルトシュミットが務め、O・ギールケ(ドイツ法教授)、B・ヒュブラー(教会法教授)、E・エック(ローマ法教授・学部長)も法解釈の課題(ザクセンシュピーゲル、トリエント公会議文書、学説彙纂)を出す形で審査に加わった。口頭試問(五月二八日)のあと、審査を締めくくる公開討論が、一八八九年八月一日に行われた。ヴェーバーは討論者のO・バウムガルテン、K・モムゼン、W・ロッツと対決し、さらに同大学でローマ史を講じる歴史家・法学者T・モムゼンの疑問に答えた。ロッツによると、この討論でT・モムゼンは、ヴェーバーの結論に異議を呈しつつも、老いた自分には重くなった「槍」を、代わって「息子」ヴェーバーが担えと述べたという。ただ法学博士号取得時の成績は「優」(「秀」と「良」との間)となった。同年夏、博士論文がヴェーバー初の単著書『イタリア諸都市における家計・経営共同体からの公開商事会社の連帯責任制および特別財産制の発展』として刊行されて大学に提出され(公開商事会社は合名会社の意)、秋にそれを第三章として含むその拡大版も『中世の商事会社について――南欧の史料に依拠して』として刊行され、ゴルトシュミットに献呈された(II1: 115–121/II2: 181f., 138f., 190f.)。

図11　オットー・フォン・ギールケ

図12　テオドル・モムゼン

博士号取得と並行して、ヴェーバーは法曹実務にも励んでいた。プロイセン文部省の記録によると、彼は一八八六年五月一五日にツェレ高等領邦裁判所で第一次司法試験に合格して試補となり、一八九〇年一〇月一八日にはベルリンで第二次司法試験にも合格して判事補となったが、研究のため法曹実務を一八九一年年末まで休職した。これらの仕事は無給だったので、ヴェーバーはブレーメン商業会議所の法律顧問(W・ゾンバルトの後任)となることを考えたが、一八九〇年七月に受けた面接では、自由貿易への態度、政治的傾向、結婚の見通しなどを聞かれ、結局落とされた(II2: 1-4, 181-202, 212, 214, 216)。

教授資格の取得

ヴェーバーはすでに博士号取得前から教授資格論文の執筆を念頭に置いていた。二〇世紀末まで、ドイツ語圏では原則として博士号だけでは大学教官になれなかった。「教授資格論文」という高度な作品を提出しないと「教授資格」が取れないという、一種のマイスター制度である。教授資格取得を考える際に、ヴェーバーは教育者になりたいという欲求を懐いていた。これは研究に埋没するのではなく、人々の指導者になりたいという密かな思いの表現だったのかもしれない。大学の教壇に立つのを待ちきれなかったのか、ヴェーバーは一八九一年の将校訓練に際して、兵士たちを相手に「祖国の歴史」や「皇室・王室」といった授業を始めている(II2: 187, 212, 246, 251)。

ヴェーバーは一八九一年一〇月二二日、ベルリン大学法学部長J・コーラーに商法・ローマ法(国法・私法)私講師としての教授資格を申請した。私講師とは、大学からの俸給がなく授業登録した学生の聴講料のみを受ける下級教師である。その際ヴェーバーは、商法教授資格の審査に前著（博士論文の拡大版）『中世の商事会社について』を、ローマ法教授資格の審査に新著『国法・私法にとっての意味におけるローマ農業史』を提出した。同時にヴェーバーは、判事補、予備役将校としての証明書も提出している。今回の審査には、エック、ギールケ、ゴルトシュミットといった博士号取得時の審査員たちに加え、A・ペルニツェ（ローマ法教授）が参加した。翌年一月一九日、ヴェーバーは「現行法における商号なき営業団体」なる模擬講義をコーラー学部長の自邸で行い、二月一日に私講師就任講演「ローマ帝制期における農業労働者の法的状況の変容」を行って、教授資格取得の課程を終えた。『ローマ農業史』には、執筆に際し刺戟を受けた員外教授A・マイツェンへの献辞が付されていた。ただこの『ローマ農業史』にも、例のローマ史家モムゼンからまた異論が、今度は古典言語学誌『ヘルメス』上で提起された。ヴェーバーはベルリンの裁判所で弁護士業務の代行もしながら、同学部私講師として一八九二年夏学期から授業を始めたが、正教授ゴルトシュミットの体調が悪化したため、その負担は重くなっていった。ヴェーバーは一八九三年三月の段階では、年内に論文「破産法・商法の領域におけるドイツ学研究」を提出してドイツ法の教授資格も取得しようとしていたが、これは立ち消えとなった（I2: 1-79/II2: 4f., 254-270, 323f.）。

ヴェーバーが一八九四年夏学期までにベルリン大学法学部で行った授業は、「ローマ物権法」、「商法」、「海洋法」、「保険法」、「手形法」、「ローマ法制史」、「プロイセン法制史」、「農業法および農業史」、「商法史」の講義または演習で、実定法中心だが経済史への傾斜が認められる(III1: 53)。このうち一八九四年夏学期の講義「農業法および農業史」だけは本人のメモが残っており、ローマ、カロリング朝、ケルト族・スラヴ族、古ゲルマン諸部族、中世欧州の農地形態を論じた、壮大な法制史叙述だったことが分かる(III5: 65–157)。

2　ドイツ東部農業論からポーランド人労働者排除論へ

社会政策学会

M・ヴェーバーはここで「社会政策学会」に加入する。一八七二年設立の同学会は、社会経済的不平等を暴力革命ではなく、社会改良で解決するために誕生した。それはドイツ帝国を代表する学会の一つであり、「飴と鞭」を与えるビスマルクの労働者政策とも共鳴していた。ヴェーバーは、一八八〇年代末にはこの社会立法を当代の重要課題と見るようになり、伯父バウムガルテンら旧世代の自由主義者がそれに消極的だったと批判するようになっていた。ヴェーバーは、母ヘレーネのように貧民救済の道義的責務を感じることはなかったが、労働者大衆をドイツ国民国家に参画させるべきだと確信し、またシュテッカーが彼らに影響力を及ぼすのを恐れていた。経済学者ヴェーバーは、まさにこの社会政策学会で鍛えられたのである(II2: 156f., 226f.)。

ヴェーバーの社会政策学会参加の契機は、同学会企画のドイツ農業労働者調査だった。ローマ農業史論の経験を買われて、ヴェーバーは地主を対象に実施済みだったアンケート調査の、ドイツ東部に関する分析者に抜擢されたのである。このときヴェーバーを指名したのはH・ティールおよびG・シュモラーだった。同学会理事長のシュモラーは、ヴェーバーの博士論文を経済学の観点から書評した人物でもあった。すでに一八八三年九月、ヴェーバーは『プロイセン年報』に掲載された初期シュモラーの北米経済論を読み、ビスマルクの鉄血政策を肯定しつつも民衆＝民族の後援を必須とする論旨を読んで、「強固な国家社会主義者にして一面的な保護関税論者」との先入観を改めている。ヴェーバーの抜擢は、彼の友人でドイツ東部農業の専門家だったK・ケルガーを押しのけてのもので、彼にとっては気まずいながらも、やはり望外の喜びであった(I1: 352/II2: 214, 272)。

プロイセン・ユンカー批判

農業労働者調査はヴェーバーの政治的発展を決定付けた。自作農が多いドイツ西部・南部に対し、ドイツ東部では農業労働者を雇用する大地主が多かった。貴族が多い大地主は独自の行政権・司法権を保持し、プロイセン・ユンカーと呼ばれて左派の怨嗟の的となっていた。ヴェーバーはこの地域の結果分析を見事にこなしたが、そこから政治的主張を引き出した。つまりこの地域を支配するユンカーが、かつてはドイツ国民国家の根幹を担ったのに、いまではその国益を損なっているというのである。

ヴェーバーがプロイセン・ユンカーの国益侵害を訴えたきっかけは、彼らによるポーランド人労働者の雇用だった。彼によると、経済のグローバル化で穀物の価格競争に晒されたプロイセン・ユンカーは、農業経営改善のために旧来のドイツ人農業労働者に代えて、低賃金のポーランド人移動労働者を雇用しようとする。ポーランド人移動労働者は、プロイセンの他地域出身の者もいたが、鉄道でロシア領から特定の季節のみ来る者もいた。こうしたユンカーのポーランド人雇用が、旧来のドイツ人農村共同体が崩壊させ、ドイツ人労働者流出を惹き起こしてドイツ東部の「ポーランド化」を招き、「ドイツ国民」の利益を損ねているというのが、ヴェーバーの見解である。農業家が人件費削減を進めるのは当然の経営判断だ、労働者を国籍や民族で差別するべきではないとは、ヴェーバーは考えなかった。彼のテーゼは、ドイツの学界や政界でも賛否両論を巻き起こすことになる。

ドイツ・ナショナリズムの立場からのヴェーバーのプロイセン・ユンカー批判は、政治的には市民層の貴族層に対する異議申立、自由主義陣営の保守陣営に対する攻撃という側面を有していた。ナショナリズムとは保守的特権層が進歩的弱者を抑圧するための「右派」思想だと決めてかかるのは誤りで、ナショナリズムとはあらゆる党派が政治闘争に利用してきた便利な「道徳の棍棒」なのである。近代欧州諸国では、国際結婚の習慣のある王侯貴族が民衆から愛国的でないと批判されたり、外国から嫁した皇后・王妃が民衆の外国人嫌いに晒されたりということも多かった。プロイセン宮廷に出仕するポーランド系貴族が、ドイツ人勢力からもポーランド人勢力からも不信感を持たれるということもあった。こうした現象を「青の国際派」批判と呼んでおこう（貴族には青い血が流れているとされる）。

ポーランド人排斥と「文化」の概念

ヴェーバーのユンカー批判は異民族への嫌悪感とも結び付いていた。前述のように、彼は軍隊でポーランド人兵士に接し、ポーランド人居住地域での演習に参加するなかで、ポーランド人は粗野で田舎臭いとの見立てをするに至っていた。また彼は、ポーランド人勢力拡大に対抗するビスマルクのドイツ人入植政策の最前線を見学するとも述べていた（III: 411/II2: 163–177）。一八九〇年代になると、ヴェーバーは「文化の低い」ポーランド人の流入を脅威だと説くようになる。彼は一八九四年春にも、王立植民委員会総裁R・v・ヴィッテンベルクの案内でドイツ人植民事業を見学し、プロイセン代議院に提出された植民委員会年次報告を点検している（II2: 528–533）。

図13　ポーゼン王立植民委員会（現ポズナン大学）

ここで「文化」（Kultur、ヴェーバーが好んだ旧式の綴りではCultur）という概念について確認しよう。ヴェーバーは二種類の「文化」を用いた。第一の「文化」は、「ドイツ文化」、「フランス文化」というように、地域や集団に固有とされる人間の営みを指すものである(II7: 100)。第二の「文化」は、「文化闘争」や「健康で文化的な最低限度の生活」のように、人間の営みの成熟度を測る普遍的基準としてのものである。ヴェーバーは特に第二の意味で、ドイツ東部、バイエルン、イタリア語圏など、旅行先(主にカトリック地域)の「文化」の高低(清潔さ、静謐さ、食事の質など)を語るのが癖だった(II2: 163f./II3: 697, 836/II5: 525/II6: 283f./II8: 150, 612など)。この普遍的基準としての「文化」は、ヴェーバーの学問論などにも頻繁に用いられている。ちなみにT・マンの影響で、「文化」(Kultur)という概念を「文明」(civilisation)と対置して、前者をドイツ的な営み、後者を西欧的な営みとする俗説が流布しているが、この用語法は近代のドイツ語圏で一般的だったわけではなく、ヴェーバーの用語法にも合わないので、注意を要する。

新進気鋭のヴェーバーは、このユンカー批判＝ポーランド人排斥論で一躍名を上げた。彼は西南ドイツに移住後も同じ内容の講演を繰り返し、ナショナリズム煽動団体である「全ドイツ連盟」、「ドイツ・オストマルク協会」に加入している。全ドイツ連盟はその小冊子『ドイツ・オストマルク』で、ヴェーバーの著作を読まない者は、ポーランド問題について評価する権利がないとまで述べている。ヴェーバーは母とともに支援する牧師F・ナウマンが主宰した一八九六年一一月の国民社会協会創立大会でも、ヴェーバーの「ニーチェ流の主人道徳」を批判するH・v・ゲルラッハに苛立ち、こう言い返した。「ポーランド人がドイツの二級国民に貶められているなんて人は言ったりしましたが、その反対が真実でしょう。我々がポーランド人を獣から人間にしてやったんじゃないですか」。この発言は、中世のポーランド人支配者がドイツ人入植者を招き、西方の高度な文化を受容したという歴史観を前提としている(I4: 204, 621f./I 20: 69)。ただこの「獣から」という一節はあまりに刺戟的なためか、一九五八年刊のヴェーバー『政治論集』第二版では、編集者J・ヴィンケルマンによって(?)無断で削除されている。

ヴェーバーは、自説に対する牧師たちの異論を「坊主どもの馬鹿話」と罵り、P・ゲーレ、M・ラーデらを「十分に政治家ではない」、「政治的に子供だ」と叱責した(II3: 233, 237)。

ポーランド人との接触

ヴェーバーの議論にはポーランド人も気が付いた。ベルリン文書には、エステルライヒ領ポーランドの法学生ズドゥンスキなる人物からきた、「豚野郎」とヴェーバーを罵る一八九五年七月一三日付の脅迫状が残されている。「ポーランド人は、貴様の先祖たちを何世紀にも亙ってタタール人やトルコ人の侵略から守ってやったんだぞ。何世紀か前に、タタールの豚が貴様の先祖を貪り食ってしまわなかったのが残念だ」。だが闘志に燃えるヴェーバーにとっては、こうした抗議の書簡も更なる活動意欲をそそるものでしかなかっただろう。

ヴェーバーの授業にはポーランド人もやってきた。一八九九年ころ、ハイデルベルク大学のヴェーバーのもとに、B・v・ドゥラセヴィチという学生が、近世ザクセン農業をテーマに博士論文を書きたいと志願してきた(ポーランド王国にはザクセン選帝侯国と同君連合だった時期がある)。大学文書によるとこの学生は、一八九七・九八年冬学期のヴェーバーの講義「実践的国民経済学 商業・産業・交通政策」を受講済みだった。だがヴェーバーは彼に冷淡で、彼にハイデルベルク行きを勧めたドレスデンの経済学者R・ヴトケに苦情の書簡を送り、彼がいきなり文章を持ってきて読めと無理な要求をしたなどと、微細にわたりその行動を非難した。結局ドゥラセヴィチはヴェーバーの指導を諦め、ハイデルベルク大学自然科学数学部に移って農学博士論文を完成させることになる(II3: 692-694)。

ヴェーバーのユンカー批判＝ポーランド人排斥論にはドイツ東部農業界も反発した。地主貴族の会員もいる農業家同盟は、その広報『農業家同盟通信』で、ヴェーバーの「ユンカー」攻撃を何度も批判対象とした。その一八九六年四月一五日号では、ヴェーバーのゲーテ生家での講演が論評され、彼に「市民的ショーヴィニズムの教授」との名称が付されている。ちなみに前述のゲルラッハも農業家同盟の会員であった。

ドイツ東部農業論は経済学者ヴェーバーの出世作となった。ヴェーバーは社会政策学会で理事に選出され、彼は就任を快諾した。プロイセン財務大臣ミーケルは、ヴェーバーを自宅の食事会に招待して、自分の娘の隣に座らせるなどして厚遇した(II2: 300, 328)。

3　法学から経済学への重心移動

講師から教授へ

こうして法学者ヴェーバーは、ドイツ東部農業論で経済学者として令名をはせ、一八九四年からフライブルク大学正教授として経済学などを講じるようになる。

ヴェーバーの法学から経済学への移行には長い前史があった。彼はすでにハイデルベルクでクニースの経済学・国家学講義を聴いていたが、ベルリンで法学に邁進していた一八八七年にも、「反マンチェスター」で「大半がトライチュケの無条件の崇拝者」である「若い国民経済学者の協会」に「ときどき出入り」していた。一八九一年一月には、ヴェーバーは法学者や国民経済学者などの集団である「国家学協会」(同名の研究会を主宰するシュモラーに対抗する若手の会「木曜の夕べ」)に顔を出していて、この時点でもう三分の一ほどは国民経済学者になったと述べている。こうしてヴェーバーは、M・ゼーリング、K・ヘルフェリヒ、O・ヒンツェら同世代の学者や実務家と交際を深めていった(II2: 21–24, 125f., 229)。

私講師になった二八歳のヴェーバーは経済的安定を切望した。一八九二年夏学期、彼の初講義「歴史的・経済的基盤の上でのローマ物権法」の聴衆はたった三人だった。のちに彼の聴講生は一〇〇人を超していくが、学生の聴講料のみが収入の私講師生活は不安定だった(II2: 4f.,

265, 290）。同年秋、ヴェーバーはフライブルク大学（バーデン大公国）のドイツ法・教会法・法学概論教授K・v・アミラの後任になる可能性があったが、ドイツ法の教授資格がないため機会を逃していた（II2: 291）。一八九三年二月、ヴェーバーはエルランゲン大学（バイエルン王国）の国家学・統計学員外教授の採用人事に着目した。またマールブルク大学の国法学教授H・レームの後任を探すプロイセン文部省局長F・アルトホフに、ギールケやブルンナーらがヴェーバーを推していた（II2: 6f.）。三月二日にアルトホフがヴェーバーに業績提出を求め、ヴェーバーは翌日これに応じている（II2: 323f.）。同時にシュモラーもアルトホフ宛書簡でヴェーバーを激賞し、ヴィーン大学に転出するフライブルク大学の国民経済学正教授E・フィリポヴィチ・フォン・フィリップスベルク男爵の後任に、ベルリン農科大学正教授M・ゼーリングが就く場合は、ヴェーバーをその後任にと考えていた。シュモラー曰く「彼は同時にその知識と、節度ある政治的立場、プロイセン愛国主義とを結び付けています。彼は真摯に、そして精力的にあらゆる健全な社会改革を支持していますが、ブレンターノ門下に特徴的なイギリス礼讃からも、いかなる社会主義的雑味からも自由です」（II2: 7）

ベルリンか
フライブルクか

結婚を半年後に控え、ヴェーバーの焦りは募った。結局三月二八日になって、ヴェーバーはベルリン大学法学部のエック教授およびアルトホフから、体調不良で教壇に立てない正教授ゴルトシュミットの後任として、たぶん五月、おそらく七月末、遅くても冬には商法員外教授に昇任させるという話が来たと、妹クララへ伝えている(II2: 329-331)。だが同年五月一七日には許嫁マリアンネに、自分の(員外)教授昇任はゴルトシュミットの体調次第で、彼の冬学期休講が確定しないと決まらないと述べている(II2: 386)。なお人事を大学内で決める日本と違い、ドイツ語圏では大学が候補を推薦し、各分邦の文部省がそれを参考に(それに拘束されず)決める制度を採っていた。

ところが同じころ、フライブルク大学哲学部がヴェーバー獲得を考えていた。同学部は国民経済学正教授としてゼーリングを招聘しようとして失敗し、一八九三年七月六日、次の候補として第一にヴェーバー、第二にC・J・フクスに白羽の矢を立て、特に前者に強く期待した。ヴェーバーと交渉したのは、H・バウムガルテンに学び、ヴェーバーとも親交があった歴史学正教授E・マルクスである(II2: 212, 320f.)。すでに六月二〇日、ヴェーバーはマリアンネ宛書簡で、フライブルクから内々の打診があったことを披露し、熟考して受諾したこと、母へレーネもそう望んでいること、いったんフライブルクで確固たる地位に就けば、あとでベルリンその他に転出する道も開けること、フライブルクは素晴らしい町で、親戚も近くにいるなどと述べて、許嫁の事後承諾を求めている。ちなみにこの発言から、フライブルクからの転出、特にベルリンへの帰還を当時のヴェーバーが期待していたことが窺える(II2: 406)。同年七月一四日、フライブルク大学評議会は哲学部のヴェーバー招聘案を、バーデン大公国司法文部教育省に伝達したが、バーデン文相W・ノックは休暇中であった(II2: 320f.)。同月中旬ヴェーバーは、フィリポヴィチがバーデン政府に出向いて交渉したと(おそらくマルクスから)聞いた。彼はベルリンでの員外教授昇任はもうないだろうと考え、事前にベルリンでの員外教授任命が実行されたり、その日程が確定したりすることがなければ、フライブルクに行くと約束した。だがフライブルク大学から一向に確言がないので、彼は何度も督促の手紙を送った。ちなみにヴェーバーがベルリン農科大学でゼーリングの後任になるという話もなくなっており、他にベルリン内でヴェーバーに招聘の話があった可能性もあるが、確認はされていない(II2: 8, 321ff., 423, 430ff.)。

ヴェーバーは七月二六日の母宛書簡で不安を吐露した。フライブルクではヴェーバーと同い年のG・v・シュルツェ=ゲーヴェルニッツ(ハイデルベルクの恩師H・シュルツェの息子)が国民経済学員外教授に就いたばかりだったが、ヴェーバーはそれでも同哲学部は彼ではなく自分を正教授に採用するつもりだと自信を持っており、不在のノック文相が帰任さえすればすぐ招聘されると見ていた。当時のヴェーバーは法学に不毛さを感じるようになっており、国民経済学への移行を希望していた。相談を受けたエックは、(員外教授昇任の遅れは)アルトホフの単なる怠惰だ、(フライブルクに)行っても誰も悪くは言わないだろうと述べた。ヴェーバーは、(実際にはしなかったが)弁護士登録をする可能性を示唆し、また自分の員外教授昇任が、アルトホフの進めるP・ラーバントの(高等行政裁判所判事兼ベルリン大学名誉教授への)招聘を妨害する手段として、法学部に利用されているのを感じて不快感を表明した。ちなみにヴェーバーは、「アルトホフ(あるいは同じことだが、シュモラー)」が、バーデンで彼のフライブルク招聘を妨害していることが「明らかになった」とした(但し情報源を挙げていない)。ヴェーバーにはプロイセンで「輝かしい」法学者としてのキャリアが待っており、フライブルクをその「踏切台」に使うつもりだと触れ回っているというのである(II2: 442f.)。アルトホフらが本当に妨害したのかは不明だが、ヴェーバーが内々で漏らした本音が伝わった可能性はある。この直後ヴェーバーはアルトホフから召喚を受け、二七日の書簡で「老いぼれの怪物」と悪態をついた。またエックが、法学部は私講師ヴェーバーの員外教授昇任に賛成だが、年上の私講師たちを納得させるために(学部ではなく)文部省が上から主導することを期待していると述べたという(II2: 445f.)。七月二九日の文部省への召喚は、ヴェーバーによるとアルトホフが彼を慰めるというものだった。同じころバーデン大公フリードリヒ一世が、ヴェーバーよりシュルツェ゠ゲーヴェルニッツを正教授に採用する意向を示し、ヴェーバーを悲観させた(II2: 448)。

八月五日にアルトホフと再度話し合ったヴェーバーは、同日のうちにアルトホフに以下の合意内容を確認する書簡を送った——(一)アルトホフが以下の点を約束する——ゴルトシュミットが冬学期も講義をしない場合には、プロイセン文部省がベルリン大学法学部にヴェーバーの員外教授昇任について照会する。法学部が彼の昇任を承諾する場合は、俸給が保証されえない限りは適正な収入を伴い、また様々な教科での手伝いをする義務を負った上で、ヴェーバーが員外教授に任命される。(二)ヴェーバーはフライブルクへの招聘の伺いを断る。八月五日の時点で、ヴェーバーはアルトホフの約束に安心し、フライブルク招聘を自分から断る方向で進んでいたのである。これに対しアルトホフは翌六日の返書で、ヴェーバーは第二条件に拘束されることはなく、フライブルク行きはあくまで自由であるとした上で、アルトホフは第一条件を「いずれにしても守る」と述べた(II2: 450f.)。結局ヴェーバーの結婚や新婚旅行を挟み、プロイセン文部省の提案をベルリン大学法学部が承認するというエックが期待した形式で、一一月二五日にヴェーバーの俸給付員外教授昇任が発令された。一〇月一日に遡って支給された彼の年俸は二〇〇〇マルクで、住居補助が九〇〇マルク付き、聴講料が学期毎に二〇〇〇マルク以上入るならば、年収は七〇〇〇マルク以上になる。これはのちのフライブルクの正教授としての収入より高いが、ベルリンの正教授たちよりは低い収入だった(II2: 8)。

ところがベルリンに落ち着いたはずのヴェーバーは、その半年後にフライブルクに赴任することになった。新婚旅行から帰国したところ、フライブルク大学哲学部から招聘を至急受諾するようにとの要求が届いたので、彼はもはや外部とは交渉できないと返答したが、これに対し、フライブルク側はヴェーバーのベルリンの員外教授任命が困難に直面していると言ってきたので、ヴェーバーは真偽はどうかと一〇月半ばにアルトホフに尋ねている(II2: 475f.)。またヴェーバーは一〇月二四日のシュモラー宛書簡で、自分は先ほど法学部員外教授に任命されたが(これは誤報)、「商法の歴史的諸現象の純法学的＝形式的考察」に今後も自己限定する覚悟ができないと述べ、経済学への未練を語っていた(II2: 477-479)。一二月八日、ヴェーバーは父も務めた「労働者階級の福祉のための中央委員会」の理事への「名誉ある」採用をシュモラーに感謝している(II2: 483)。ヴェーバーはベルリンでの員外教授昇任後もフライブルクと交渉していたらしい。ポーゼンで軍事訓練に参加していた翌一八九四年四月三日、ヴェーバーはフライブルク大学から国民経済学正教授への招聘確定の連絡を受けた。ヴェーバーは即日アルトホフに書簡を送り、法学部には自分の「生涯の位置」をなかなか見出せないとして、フライブルクに赴く決意を表明し、六日に面会を求めた。アルトホフに対する罪悪感からか、このときのヴェーバーの署名はいつになく仰々しかった。「高貴で裕福な生まれの貴殿が、これまで最大限に示されたご厚意に、いずれにしても私は、最大限の敬意を込めた謝意を持ち続けます。深い敬意を以て、心から敬服する　教授マックス・ヴェーバー」。アルトホフは四日の書簡で、残念だがフライブルクでの経験はヴェーバーの学問的発展を促進するに違いないとして、のちにプロイセンに取り戻す可能性を示唆しつつ、彼のバーデン行きを承認した。アルトホフは四月六日の面会を断り、月末なら都合がよいとしたが、ヴェーバーはそれを認識しなかったのか、六日にアルトホフを訪ねたらしい(II2: 322f, 521-523, 537)。バーデン大公によるヴェーバーの任命は四月二五日で、着任は一〇月五日であり、年俸は四〇〇〇マルク、住居補助七六〇マルクだったが、結局は聴講料も合わせて七〇〇〇マルクほどになった模様である(II2: 9)。

ヴェーバーが一八九四／九五年冬学期から一八九六／九七年冬学期までにフライブルク大学哲学部および法・国家学部で行ったのは、「一般・理論国民経済学」、「実践国民経済学(経済政策)」、「財政学」、「官房学」、「商法」、「都市および農村のドイツ労働者問題」、「農業政策」、「貨幣・銀行・取引論」、「ドイツ法制史」、「国民経済学史」などの講義あるいは演習で、法学の色彩を残しつつ経済学へ移行しているのが分かる(III1: 55-57)。バーデンに行ってからも、ヴェーバーは法学界との関係を維持しており、一八九七年にベルリンのゴルトシュミットが死去した際には、その創設・編集した『総合商法雑誌』の引継ぎ交渉をしている(II3: 448f.)。

4　フライブルク講演『国民国家と経済政策』

フライブルクでの奮闘

フライブルク・イム・ブライスガウはドイツ帝国西南部の辺境にある。緑豊かなブライスガウ地方は、フランス革命期までハプスブルク家領だったため、住民にカトリックが多く、ヴェーバーが「学のある人々」とほぼ同視していたプロテスタントは、「ディアスポラ」(散在)の状態だった。同地はエルザスやフランスには近いが、ドイツ政治の中心ベルリンからは遠すぎた。望んで得た経済学正教授の職ではあったが、彼はベルリンを去って「年金生活に入ったかのような」寂しさを感じるのでは、と徐々に心配するようになっていた(II2: 525/II3: 194)。

ヴェーバーは田舎で埋もれまいと奮闘した。彼は旧市街の対岸に居を構え(Schillerstraße 22)、F・ナウマンなど同志をフライブルクに呼んで講演を依頼した(II3: 193)。一八九六年一一月、ヴェーバーは連邦評議会での「取引所法」実施規則策定の討議に招かれ、ベルリンでドイツ政治に関与する喜びを味わったが、農業利益に批判的なためか、その後二度と呼ばれなかった(II3: 3, 221–235)。移住が契機となったのか、このころ袂を分かった旧友もいた。ヴェーバーはベルリンから訪ねてきたゼーリングと、

図14　フライブルク・イム・ブライスガウ

図15　フライブルク・シラー通のヴェーバー邸

大土地所有や大資本の政治的効用について「親密でありながらも大喧嘩」をし、かつての「自由主義的決まり文句」に代わる「保守主義的決まり文句」の台頭を嘆いた(II3: 197)。こうしたなか、ヴェーバーの頻繁な夕べの外出や飲酒は、新妻マリアンネを心配させた(II3: 95)。

教授就任講演

フライブルク大学での二学期目、一八九五年五月一三日に行われた就任講演「経済における国民性」は、三一歳の少壮教授M・ヴェーバーが変わらぬ意気軒高さで臨んだ花舞台だった。この講演は内容上、前半と後半とに分かれている。

ヴェーバーはこの講演も十八番のドイツ東部農業論で始めた。彼は「経済的生存競争で民族の肉体的・心理的相違が果たす役割」を論じるとして(I4: 545)、ユンカー農場が雇用する「文化」の低いポーランド人労働者がドイツ東部を、そしてドイツ国民国家を危うくしていると訴えた。「ポーランド人零細農民は土地を獲得します。というのも彼らが幾分なりとも地べたから草を貪り食って生きているからです。つまり彼らが進出するのは、肉体的にも精神的にも生活習慣が低いにもかかわらずではなく、低いからこそなのです」(I4: 553)。「低い発展度合の類型の人間たちが勝利し、これに対して精神、情操の営みの絢爛たる繁栄が、その担い手である人間社会が――いわばその社会組織や人種的資質のために――勝利者である低い人間たちの生活条件に適応できない場合、絶滅してしまうという事態を、人類の歴史は経験してきたのです」(I4: 554)。「ドイツ人勢力を犠牲にすることでしか維持されえない大農場は、国民の観点からして、没落するに値するといえます」(I4: 556)。ヴェーバーはいつものように、ポーランド人労働者流入防止のための国境閉鎖、プロイセン国家によるドイツ人入植用の土地購入という政策を訴えた(I4: 555f.)。

ヴェーバーは講演後半でドイツ国民に奮起を促した。一見平和に見えても、諸国民間闘争は絶え間なく続いているという(I4: 558ff.)。彼の目には、統一の英雄ビスマルクが去ったヴィルヘルム期ドイツが、先行世代の踏襲に甘んじる「政治的亜流精神」に堕しているように思われた。ヴェーバーは過去の支配層であるユンカーの抵抗を排してポーランド人移民を毅然と排除し、自由思想家党の抵抗を排して植民地帝国たる英仏に伍して世界にドイツの国旗をはためかすような気概を、ドイツ国民に求めたのである(I4: 569f.)。だが彼は、自身が属する市民層はもちろん、新たに勃興した労働者層にも、ドイツ国民国家を担うための「政治教育」がまだ足りないとし、英仏の労働者層を羨ましく思っていた(I4: 571f.)。ヴェーバーは幸福や効用を目標に据える発想に軽蔑を隠さなかった。「我々が子孫に道を示さなければならないのは、平和や人間の幸福へ向けてではなく、我々の国民性の維持や鍛え上げを目指す永遠の闘争[der ewige Kampf]へ向けてなのです」(I4: 560)。「[…]ドイツ国家の経済政策は、そしてドイツの経済学理論家の価値基準も、ドイツ的なものでしかありえません」(I4: 560)。「もしドイツの統一が、ドイツの世界権力政治の終わりであって始まりではないのならば、そのようなドイツ統一などは、国民がかつて犯し、高く付くからむしろ止めておけばよかったような、若気の至りだったということになってしまいます。このことを我々は悟らなければなりません」(I4: 571)

就任講演にはヴェーバーの様々な思いが表現されていた。そこには、彼がドイツ戦争責任論で対決することになるF・W・フェルスターらの「倫理的文化協会」への挑発も込められていた(II3: 82)。このころ「超人」への言及がマリアンネ宛書簡にあるところを見ると、ニーチェに影響されて市民的被膜を破りたい欲求にかられた面もあったのかもしれない。幸福志向の批判は、ヴェーバーにおいてはニーチェと結び付いていた(I17: 92/II2: 549)。またプロイセン人のヴェーバーは異郷バーデンに来て、「南ドイツの俗物市民ども」に抗して「我々のユンカー」を擁護したいという欲求にも駆られていた(II3: 62)。講演で彼は、ポーランド人と対決した「ビスマルク侯爵」を称揚し、引退四年後の一八九四年一月二六日にベルリンを再訪した前宰相を、キュフホイザー山に眠りドイツの危機に際して救援に来るとされた中世の皇帝フリードリヒ・バルバロッサに例えている(I4: 555, 567)。ヴェーバーはすでにベルリン学生時代の一八八四年に各党派の「巨人たち」が引退していくのを嘆いており、一八九二年には「欧州政治がもはやベルリンで行われるわけではないことは、おそらく疑いがありません」と残念がっていた。偉大な過去を懐かしんで祖国の将来を悲観するのが、若きヴェーバーの口癖になっていたのである(III1: 471f./II2: 269)。

ビスマルク後への不安

ビスマルク退陣で「国家の舵取りが強い手からよりひ弱な手に落ちた」と危惧するヴェーバーは、「鍛錬」(Züchtung)、「淘汰」(Auslese)といった言葉を好んだ。Züchtungには「品種改良」「飼育」の意味もあり、「監獄」(Zuchthaus)にも通じるが、ヴェーバーはそれをすでにプラトン『国家』が用いていたとする。「淘汰」についても、彼は「地動説」と同じく我々の共有財産だと言う。この二つの概念を用いた例として、彼はF・A・ランゲ『労働者問題』を挙げる。ただヴェーバーは、これらの概念を当然視しつつ、同時代の自然科学者がそれを経済学に導入しようとする動きには距離を置くという、二面的態度を取っていた(I4: 554, 556)。

社会ダーウィニズム

ヴェーバーは就任講演で、社会ダーウィニストO・アンモン(一八四二―一九一六年)を援用した(I4: 554)。社会ダーウィニズムとは、ダーウィン進化論の適者保存(自然淘汰)説を敷衍して、強者の台頭と弱者の退出による社会進化を目指す考え方である。イギリスでH・スペンサーらが唱えたこの思想は、北米で自由放任主義や人種主義の起源となり、ドイツ語圏ではアンモンやポーランド人L・グンプロヴィチが継承したが、やがてヒトラーなども受容した。一八九三年、H・ゾーンライ編集の雑誌『土地』で懸賞論文が公募され、一一月までに六〇本の応募があったが、ヴェーバーを含む審査委員は翌年年頭、『社会民主党に抗するダーウィニズム』(一八九一年)や『人間における自然淘汰――バーデンの兵役義務者およびその他の資料の人類学的考察の結果を基にして』(一八九三年)の著者だったアンモンの応募論文「国家および社会にとっての農民層の意味」を最優秀賞に選び、抜群だとした(II2: 488)。

そしてヴェーバー自ら、後日一八九四年一二月にアンモンと書簡を交わしている。ヴェーバー曰く「私はあなたの著作を、あなたのこれまでの刊行物と同様に、特別な興味を持って読むでしょう」「ご自分でもお認めになるように、あなたの推論や解説の多くはかなり仮説的な性格を帯びています。ですがそうだとしても、あなたの手法の基礎をなす考えそのものが、私にとって最高度に注目すべきもの、共感できるものなのです。私自身もいささか別な経路から、東部でいま起きている国民的変遷が淘汰の現象だという結論に達しており、よってそれを一つの見解表明のなかで提唱することでしょう」「私はあなたの著作が有する刺戟にとても感謝しています。というのもあなたの観点が、近年の社会政策的考察法の重荷となっているある種の「感傷的[sentimental]」特徴に抗するものだからであり、私にとって「世界は工業労働者のみから」なるわけでは決してないからです」(II2: 585–587)

当然ながらヴェーバーの興味は人種論にも及んでいる。講義「一般(理論)国民経済学」では、「社会の生物学的・人類学的基礎」の節で「人種」問題が扱われ、アンモン、グンプロヴィチに加えて、社会物理学者A・ケトレー、人類学者F・ゴールトン、ゴビノー礼讃者G・ドゥ・ラプージュ伯爵らが挙げられている(III1: 94f.)。

教壇預言

ヴェーバーはこの就任講演を『国民国家と経済政策』と改題して刊行し、自分のマニフェストとして各方面に配布した。版元はフライブルクのモール社(のちテュービンゲンに移転)となったが、交渉不調の場合は、トライチュケからH・デルブリュックが編集を引き継いだ『プロイセン年報』への投稿を考えていた。ヴェーバーは同講演の刊行後、『十字章新聞』など保守系新聞のみならず、『フランクフルト新聞』、『国民』、『新時代』など左派自由主義系、社会主義系雑誌にも配布を要請している。また民間のナショナリズム煽動団体である全ドイツ連盟の会長E・ハッセ(ライプツィヒ大学員外教授)が、『国民国家と経済政策』を宣伝活動で引用しようとしたときには、ヴェーバーが自ら版元に仲介している(II3: 84f., 88, 94, 149)。この講演に刺戟されて、「キリスト教社会派」ナウマンが諸国民間闘争に目覚め、一八九六年に「国民社会協会」を樹立したのは有名である(I4: 539f.)。

ヴェーバーの語り口は授業でも変わらなかった。彼は「そもそも就任講演とは、経済的現象の評価に際しての個人的な、そしてその限りで「主観的な」立場を公の場で陳述し、そして弁明する機会を正しく与えるものなのである」と述べ、それ以外の場では「主観的な」立場を自制するかのようだったが(I4: 543)、一八九五年夏学期の講義「都市および農村におけるドイツ労働者問題」ではこの調子だった。「ドイツ労働運動の将来について判断を下すのは時期尚早です。決定的な問いは、いつ労働者階級が真に政治的な活動に召命され、その際自らの成熟ぶりを示すかです(ヴェーバー『国民国家と経済政策』を参照してください)。労働組合運動は、いまのところ社会民主党のみによって指導され、無秩序ぶりを示していますが、その成熟度を高め、混乱を克服することは可能です。可能なのです! いずれにしても、ドイツ民族が政治権力を拡大することなしに、「社会問題」の解決など考えられません!――」(III4: 310) 若いころのヴェーバーのやっていたことは、まさしく晩年の彼が批判した「教壇預言」だった(I17: 105f.)。

5 ハイデルベルクでの変調と教職からの早期引退

ハイデルベルクへの転任

ヴェーバーはフライブルク大学の運営にも熱心に取り組んだ。彼は赴任後、まず官房学研究室の予算増額を要望した。さらに彼は、哲学部の官房学諸科目と法学部との合併を提唱して、一八九六年六月一日に法・国家学部を設立させた。彼はフライブルク大学哲学部から経済学者として招聘された際、同地の法学者からも法制史と経済学とを融合し新境地を開いたと高く評価されていたのだった。加えてヴェーバーは、H・リッケルトの哲学正教授昇任のためにも運動していた(II2: 321f./II3: 8, 198f.)。

だが一八九七年春にはヴェーバーはハイデルベルク大学に移ることになった。正教授K・クニースの退官に伴い、同大学は後任としてバーデン文部省にG・F・クナップ、K・ビューヒャー、ヴェーバーを推薦した。ヴェーバーについては、やはり経済史・法制史を統合できることが評価された。前の二人が辞退し、ヴェーバーは文部省に、従来の「国家学研究室」から自立した「経済学研究室」の設立などの条件を付け、おおむね受け容れられたので、招聘を受諾した。G・イェリネックと共同で「国家学研究室」主任となり、同時に単独で「経済学研究室」の主任ともなったヴェーバーの年俸は、四〇〇〇マルクから六〇〇〇マルクに引き上げら

図 16　ハイデルベルク大学講堂

図 17　ゲオルクおよびカミラ・イェリネック夫妻の墓(ハイデルベルク山上墓地)

れたが、彼はブレンターノ宛書簡で、「バーデン政府の倹約」のためハイデルベルクに移らざるを得ないのだと述べている。旧歴史学派経済学の巨匠クニースの後継たることを意識してか、ヴェーバーは研究教育の義務が増えて政治活動が困難になると考え、当初受諾を躊躇していた。ただ彼のハイデルベルク行きが、実際に政治から学問への移行を意味することはなかった。なぜなら彼にとって学問とは、どのみちドイツ国民国家の運営と密接に関連したものだったからである。なおハイデルベルク大学と並び、ほぼ同じ時期にイエナ大学法学部（ドイツ法）、ミュンヒェン大学哲学部（文化史・統計学）がヴェーバー獲得を考えたが、実現はしなかった（II3: 58f./II3: 13f., 216–218, 248–254, 261）。

ハイデルベルクでの授業は経済学に特化していた。彼が担当したのは「一般（「理論」）国民経済学」、「実践国民経済学・総論——人口・商業・産業・交通・農業政策」、「労働者問題と労働者運動」、「貨幣・銀行論」などの講義、そして経済学演習などである（III1: 60–63）。

熱心な学生指導

ヴェーバーはバーデンで学生指導に情熱を傾けた。彼は門下生や同僚が研究成果を（シュモラー主宰のドゥンカー&フンブロート社『国家・社会科学研究』叢書などに依存せず）刊行できるように、モール社と交渉して『バーデン大学経済学論集』叢書を創設し、自分やそのフライブルク大学での後継者フクス、その同僚シュルツェ＝ゲーヴェルニッツ、カールスルーエ工科大学のH・ヘルクナーと編集した（のちヘルクナーが抜けハイデルベルク大学に来た

K・ラートゲンが参加）（II3: 317, 809–812, 898–903）。H・ジーヴェキング、R・リーフマン、W・ボルギウス、W・アーベルスドルフ、B・エレリング、H・カンター、R・グロッセが、ヴェーバーの指導を受けてこの叢書で博士論文を出版している。またヴェーバーが企画した福音社会会議の農業労働者調査（プロテスタント教役者を聴取対象としたもの）の分析を行って博士号を取得し、ラウプ社（モール社長パウル・ジーベックが主宰）の『北独プロテスタント地域の農業労働者』叢書から出版する者も相次いだ（A・グルーネンベルク、S・ゴルトシュミット、A・クレー、F・ゲルハルト、K・B・ブラインリンガー）（I4: 22–24/II3: 11f, 666–668）。さらにL・ヴェーゲナーは、ポーゼン州のドイツ人・ポーランド人対立を調査し、「秀」の成績で哲学博士号を取得して、ポーゼン州のドイツ人植民事業の指導者として活躍した。ヴェーバーはこの「ドイツ・オストマルク協会のレオ・ヴェーゲナー博士」を、「私の最も有能な弟子の一人」だと強く推薦している（II3: 811）。プロイセン貴族の娘でロートリンゲン出身のE・v・リヒトホーフェン男爵令嬢（エルゼ・ヤッフェ）も、保守陣営・カトリック陣営の批判的研究で「秀」の成績を得、工場監察官就任に際しては中央党系新聞から批判されている（II3: 757）。妻マリアンネも、H・リッケルトの指導下で『フィヒテの社会主義とそのマルクスの教養との関係』という挑発的な論文を出版した。編集者でもあるヴェーバーは、こうした後進の世話を出版作業に至るまでこまごまと焼いている（II3: 603ff. など）。「職業としての学問」によると、ヴェーバーは博士号を取得した直弟子に他所での教授資格取得を促す方針で、そのため最も有能な弟子の一人(リーフマンか)が世間に、ヴェーバー研究室を追い出されたと誤解されて、教授資格取得に難渋した例があったという(II7: 72f)。

だが研究指導とは、教授による若手の支援であるようで、実は教授による若手の選別・管理・排除でもある。前述のドゥラセヴィチのように、ヴェーバーの眼鏡に適わず追い返された学生もいた。ワンマンな教授の研究室から、年長世代を乗り越えていくような大物が現れるのは難しい。なお一九〇〇年にクレーが博士論文を刊行できずに神経衰弱になり、一九〇二年にボルギウスとカンターとが盗作疑惑をめぐって互いに訴えようとするという事件も起きている(II3: 742f, 805–808 など)。

家長の責任意識

このころマックスはヴェーバー家家長の立場も固めつつあった。彼は第一子長男として、弟妹たちの世話役を務めた。信仰に悩む長弟アルフレートの相談相手にマックスがなった話はすでに触れた。一八九八年七月、マックスは自ら療養中にもかかわらず、多額の債務を負った末弟アルトゥールへの援助に乗り出している。その後も弟たちの件で母の相談役を務めたのはマックスだった(II3: 501f./II7: 758/II8: 279ff. など)。

ただ責任意識と家父長主義とは表裏一体のものである。エルゼ・ヤッフェによると、アルフレートはかつて兄と同じギムナジウムで落第を経験したことを苦にしており、ハイデルベルク大学に兄の後任のような形で赴任するのも気が重く、市内でも兄夫婦とは離れて住んだ(Handschuhsheimer Landstraße 39)。また母に近いマックスとは対照的に、アルフレートは父に近かった(ただマックスがフライブルクに赴任したあと、母や末妹に寄り添ったのはベルリンにいた次男アルフレートだったが)。長妹クララには、長兄マックスは書簡でいつも「クララちゃん」(Clärchen)、「猫ちゃん」(Kätzchen)、「私の可愛い子」(ma chère petite)などと呼び掛けていた。員外教授昇進の見通しが出てきたときには、兄は妹に「今後はもっと尊敬してもらわないと」と冗談を言っている(II 2: 330)。一八九七年、諸般の事情から母ヘレーネのハイデルベルク訪問が何度も頓挫したのを、マックスが六月一四日に面と向かって、父マックスの「エゴイズムと嫉妬」のせいだと非難し、母が子供を訪問する「権利」を主張して父を追い詰め、憤慨して家族と別れ友人と旅に出た父がリガで客死するという事態となったが、これは新家長による旧家長の放逐、二つの主体のぶつかり合いに他ならない(II3: 325ff.)。なおリガに赴いて遺骸を引き取ったのはアルフレートだった。ミュンヒェン文書によれば、アルトゥールもマックスの自分への干渉に立腹していた。

女性への視線

ヴェーバーは女性にも知的パートナーを求めた。彼は知的向上心に燃える遠縁の女性マリアンネ・シュニットガーの自分への思いを知り、また同時に友人のP・ゲーレがマリアンネへの求婚を考えているという状況で、一八九三年一月一六日に雄弁な手紙を書いて、マリアンネに求婚した。ヴェーバーには、エミー・バウムガルテンという長年親密だった遠縁の女性がいたが、エミーと結婚しなかったのは、彼女の精神疾患だけが理由ではあるまい。彼はマリアンネに、政治や学問について何でも話せる格好の話し相手を見出したのである。二人の知的会話は結婚前から始まっていた。彼は彼女にA・ベーベルの著作(『女性と社会主義』か)を贈ろうとし、一緒に読むことも提案した(II2: 372, 400)。友人H・ミュンスターベルクが、

図18　マリアンネ・ヴェーバー

アメリカで女性の自立が出生数を下げていると論じたとき、ヴェーバーはこれを、一つの事例を一般化した「空想的構築物」に過ぎないとした(II4: 416f.)。後述のように妻やその同志たちが反フェミニズム勢力から批判されると、ヴェーバーは援護を引き受けた。

そんなヴェーバーにも、「男女平等」というのは考えにくいことだった。ヴェーバーはマリアンネへの求婚の手紙でも、私は君を分かっているが、君は私を分かるまいと述べているが(II2: 302)、妻への手紙にはいつも彼の知的優越感が表れていた。彼は妻を書簡で常に「私の可愛い子」(mein Herzenskind)、「私のチビちゃん」(Piccola mia)などと呼び、妻が夫と衝突しない領域、つまり家事に本拠を置くことを求め、マリアンネも結婚前には料理など花嫁修業に勤しんだ。結婚後のヴェーバー夫妻の関係は、いわば師弟関係、あるいは教授と秘書との関係に近かった

(II2: 400f., 411/II3: 542-544, 868)。なおヴェーバーは、愛弟子リヒトホーフェンのことも「可愛いR」(die kleine R)と呼び、「大学で勉強する婦人にありがちな個人的功名心がない」とその謙虚さを褒めている(II3: 512, 783, 794)。ヴェーバーは、後半生で寵愛した女流ピアニストM・トーブラーのことも、「トーベルちゃん」(Tobelkind/Tobelchen)と呼んでいる(II9: 84/III10: 141)。

ヴェーバーの女性観は学問にも投影された。K・ランプレヒト『ドイツ史』がJ・J・バッハオーフェン「母権」論(古代の女性支配説)を援用したことを、ヴェーバーは「馬鹿げた過大評価」だと一蹴した(I4: 562/II2: 316)。「プロテスタンティズムの倫理と資本主義の「精神」」第一部で彼は、女性労働者、特に未婚者は(篤信者は例外として)後進的・伝統主義的労働形態をよく示しており、労働の合理化や知識の習得への意志も能力も欠いていると述べている(I9: 160f.)。

図19　エリザベート・フォン・リヒトホーフェン男爵令嬢(エルゼ・ヤッフェ)

図20　ミナ・トーブラー

「儒教と道教」には、大乗仏教の「特に女性の感情面に訴えるような、書物を用いない性格」が中国の後宮では好まれた、読書人の伝統的仇敵たる道教の魔術師が宮廷に入り込む経路は後宮や宦官で、女どものヒステリックな興奮や迷信・奇跡への傾倒が国事に介入するのに抵抗したのが、ローマ精神に似た男性的、合理的で冷静な儒教精神だった、という表現もある(I19: 401, 412f.)。

神経衰弱の始まり

だが押しの一手だったヴェーバーにも限界が訪れる。父の死の衝撃からの癒しを求め、妻マリアンネと一八九七年八月二七日から一〇月四日までフランス・スペイン旅行をした彼は、帰国して不眠に悩むようになった。学期末の疲労感に危惧を懐いた彼は、一八九八年三月一九日に大学同僚の精神科医E・クレペリンの診察を受け、年来の過労ゆえの神経衰弱であり、「理性的な生活」を送るようにとの指示を受けた。ヴェーバーは妻や長弟とレマン湖畔で三週間静養し、恢復したように見えたが、新学期に再び体調を崩した。当初はスペインでマラリアに罹ったのではとの診断もあったが、この解釈はやがて消えていく。ヴェーバーは一八九八年七月一六日、過労などを理由にバーデン文部省に休暇を申請し、夏から初秋にかけてコンスタンツの療養院に滞在することにした(II3: 22-24, 481, 499, 515f.)。だがこの滞在も完治にはつながらず、ヴェーバーは療養院からD・シェーファー哲学部長を介して文部省に「貨幣・銀行論」講義の軽減を願い出て容れられ、一〇月後半にハイデルベルクへ戻って冬学期の授業を始めたが、翌年四月一二日には大声で持続的に話ができず、講義が不可能と文部省に申告するに至る。だがその際、基本的に「精神的労働は不可能ではない」ので、演習は続行できるだろうと述べている(II3: 584–587, 652f.)。一八九九年一二月、ヴェーバーは発病前から構想を始めていた国民経済学第二講座の設立をバーデン文部省に打診している(II3: 589–593, 599–601/II3: 334, 705f.)。

引退　一九〇〇年一月七日、ヴェーバーは遂に常勤正教授職を退く意向を示した。彼はノック文相に、定期的な授業ができない、自分のような若手官吏が優遇されているのは心苦しいとして、常勤正教授職を辞して私講師になるとし、後任が着任するまでは経済学研究室主任を続け、学生の面倒を見ると願い出た(II3: 711ff.)。ヴェーバーを高く評価していたバーデン文部省は、ヴェーバーに俸給を全額支給しつつ休暇を与え、第二講座設立により負担を軽減して、彼の翻意を促した。休暇中、ヴェーバーはウーラハで療養し、イタリア、シュヴァイツ(仏語ではスイス)、ベルギー、オランダへ旅行し、睡眠のためにコデインなどの薬剤を用いた。だがそれでもヴェーバーは、一九〇二年三月二六日、一九〇三年四月一六日にも常勤正教授職退任願を出した。結局ヴェーバーは、一九〇三年一〇月一日に常勤正教授職を退いて、「名誉正教授」(ordentlicher Honorarprofessor)となり、年金も受け取らないことにした(II3: 813ff., 830, 840, 843f./II4: 45ff., 141f. など)。ドイツ語で謝礼、原稿料、聴講料などを Honorar とも言うが、この職名における Honorar は別で、「名誉」を意味する(「名誉領事」(Honorarkonsul)なども同様)。なおミュンヒェン大学の史料によると、ヴェーバーはこの年バーデン大公国の「勲一等ツェーリンゲン獅子章」を授与されている。

「名誉教授」(Honorarprofessor)とは授業を引き受ける場合もある官職だが、ヴェーバーの場合は引退も同然だった。野﨑敏郎が強調するように、それは高齢で引退した教授を顕彰する「名誉教授」(emeritierter Professor)の称号とは本質を異にする。ヴェーバーは「名誉教授」になることで、大学から完全撤退したわけではない。ヴェーバーは文部省から提案されたこの職に乗り気ではなく、それを受け入れる場合にも学部での「居場所と発言権」の保持を切望したが、学部側は許容しなかった。周囲に迷惑や心配をかけ、自己都合で辞める以上、今後大学運営に口を差し挟むのは僭越だ、とは考えないのが、ヴェーバーの性分である。結果的に、彼は以後ハイデルベルク大学での教育活動を一切行わず、一九一八年のヴィーン大学への試行的出講を除けば、授業再開は一九一九年にミュンヒェン大学に移ってからだった。ハイデルベルク大学の授業一覧にはヴェーバーの名前が残ったが、「非開講」の記載が続いた。ヴェーバー・クライスでの若手との交流は、「名誉正教授」の授業ではなく、私的対話でしかない(II4: 45ff.)。

ヴェーバーが教壇に立たなくなると、ハイデルベルク大学は後任探しに入った。第二講座について、ヴェーバーの意向も踏まえ哲学部から文部省に、W・ゾンバルト、K・ラートゲン、W・ハスバッハの順位で正教授採用の提案がなされ、並行してK・ヘルフェリヒを員外教授に採用する構想もあったが、文部省は一九〇〇年にラートゲンを正教授に採用した。東京の帝国大学で教鞭を執り、マールブルク大学を経て着任した日本専門家ラートゲンは、ヴェーバーと並ぶ経済学研究室主任となり、ヴェーバー引退時には哲学部長を務め、一九〇七年にハンブルク植民研究所に移った。ヴェーバーはこのラートゲンには複雑な思いがあり、引退を前に「ラートゲン時代そのものになると息が詰まる」と評している(II3: 712/II4: 114)。なおヴェーバー自身の後任には、一九〇四年にE・ゴートハインが就任した。ゴートハインはシュヴァルツヴァルトに散任するカルヴィニストが地域経済を牽引しているとの研究成果を出し、ヴェーバー「プロテスタンティズムの倫理と資本主義の「精神」」でも援用された人物である(I9: 136)。

変わらぬ人間性

だが「三つ子の魂百まで」という。なるほどヴェーバーは一八九八年八月四日、ボーデン湖畔から妻への書簡で、これまでの自分には人間味が欠けていたと反省を口にしている(II3: 540)。だがこの闘病体験を経ても、彼の神経質で攻撃的な人柄は変わらなかった。例えば一八九九年四月、ヴェーバーは彼のことを高く評価していた全ドイツ連盟をいきなり脱退したが、それは彼のポーランド人排除論への反省からではなく、連盟がポーランド人排除に不熱心だという認識によるものであり、しかもその認識は不可解さに満ちている。加えてヴェーバーの脱退宣言はいつものひどい悪筆だったため、連盟側がタイプライターで打ち直し、貴殿の書簡の内容はこうかと確認を促す有様だった(II3: 658-660 およびミュンヒェン文書)。ヴェーバーがポーランド人学生を門前払いにしたのは、同年夏である。一九〇六年には、ギーセン大学経済学正教授M・ビールマーのことを、「愚か者」だと評している(II5: 92)。ヴェーバーは、ときには外国の大学人事にも熱心に意見を送って、自分の友人や弟子を含めた若手を推薦したほか、自分や弟子の出版に際してモール社に細かく注文を付け、印刷の出来にも苦情を言って辟易された(II3: 674–677/II4: 483, 515–517など)。

ヴェーバーは自分の辞任を悲劇的だとは感じないと述べた(II4: 59)。不眠の悩みはその後も解消されず、仕事ができなくなることもあり、看護するマリアンネまで神経衰弱に陥ることがあった(II5: 8, 301, 318, 457/II6: 60など)。ヴェーバーのもとには、一九〇五年にシュモラーからベルリンでの教授資格再取得および教授就任への誘いが、翌年にブレンターノからミュンヒェンへの誘いがあったが、まだ講義ができないとして断っている(II4: 497, 598f./II5: 42)。だがそれでも、ヴェーバーの思考能力は引退前後から恢復していった。一九〇六年三月、ヴェーバー家は旧市街の中心(Hauptstraße 73)から、ネッカール川の対岸にある建物(Ziegelhäuser Landstraße 27)の二階に転居した。一九〇七年七月二一日に伯父カール・ダーフィット・ヴェーバーが死去すると、その孫マリアンネにも遺産が入り、そこからの収入が家計を支えることになった(II5: 8, 50)。やがてヴェーバーの周りに、「ヴェーバー・クライス」と呼ばれる社交の輪が形成されていく(「クライス」とはドイツ語で「輪」のこと)。そしてヴェーバーは、古典古代やドイツ東部の農業史というそれまでの得意分野を越えた、新しい分野を開拓していったのである。

第三章　ドイツ社会への苛立ち　一九〇四―一九一四年

1　アメリカ旅行でのドイツ人意識の強化

アメリカ訪問の実現

二〇世紀初頭、アメリカ合衆国はドイツ帝国にとって、イギリス後の世界覇権を争うライバルだった。そのことも意識しつつ、四〇歳になったヴェーバーは一九〇四年にこの国を訪問する機会に恵まれた。

ヴェーバーは英米圏に近接した家庭環境で育った。G・ロートが描いたように、彼の親族や知人は英米圏との交流が深く、アメリカ移住者もいた。そのためかヴェーバーは、一八七九年一〇月には「北米合衆国史」に熱心に取り組んでおり、一八八四年秋にはG・クリーヴランド大統領(民主党)の当選を予想している(III: 201f, 477)。一八九二年には、ゲーレと翌年のシカゴ万国博覧会を見学することを目指したが、これは費用などを考えて断念した(II2: 288, 299, 326, 368, 380)。一八九七年三月にはアメリカの経済学者E・セリグマンから英語雑誌『政治学四季報』に「現代から見た欧州の社団の歴史について」の寄稿依頼を受け、別な若手学者が新しい成果を出しつつあるという理由で、「ドイツの農業政策の状況」、「ドイツ東部でのスラヴ人拡大の社会的理由」、「古代文化の経済的発展」について寄稿することを提案している(「論文は英語でなければならないか」と問うているところを見ると、ドイツ語での投稿を希望していたようである)(II3:

302f.)。こうした交流を、一九〇四年以前のヴェーバーはアメリカ以外の外国とは持たなかった。一八八五年の誕生日祝にバウムガルテン家からイギリス人F・モントゴメリーの小説『誤解』をもらい、一八九五年のフライブルク講演で英仏労働者の政治的成熟を語り、一九〇四年にイェリネック門下生のイギリス国制研究者J・ハチェックを推薦した程度だろう(II1: 509/II4: 210f.)。ただ一九〇二年四月に、フィレンツェで威勢のいい米人女性と同宿したときには、彼はその振舞に苛立っており、アメリカに常に好印象を懐いていたわけではない(II3: 823)。

そのヴェーバーが一九〇四年、セントルイス万国博覧会の国際芸術学術会議に招待された。彼を招待したミュンスターベルクは心理学者で、フライブルク大学では彼の同僚だった。ミュンスターベルクはユダヤ教からプロテスタンティズムに改宗していたが、フライブルクでは員外教授から正教授に昇進できず、ハーヴァード大学に活路を見出していた。当時のヴェーバーは、論文「プロテスタンティズムの倫理と資本主義の「精神」」を執筆していたから、この招待は渡りに船だっただろう。ちなみにヴェーバーは一九〇七年のオランダ旅行でも、レイデン(独語ではライデン)やアムステルダムの図書館でカルヴィニズムの研究を行っている(II5: 384)。

図21　フーゴー・ミュンスターベルク

ヴェーバーのアメリカ旅行は一九〇四年八月末から一一月末まで行われた。彼は妻やE・トレルチュとブレーマーハーフェン港から出航し、九月一日にニューヨーク港に到着した。マリアンネによると、ヴェーバーは好奇心で一杯になり、アメリカの文物ならなんでもドイツのものより高く評価し、異郷に文句ばかり言うドイツ人同行者たちに苛立ったという。同地に滞在したのち、一行はナイアガラの滝、シカゴを経てセントルイスに到着し、万国博覧会を見学しつつ、九月二一日に国際芸術学術会議でドイツ語講演をした。同年三月の段階では、彼は講演後にロッキー山脈に行くことを考えていたが、これは実現しなかった(II4: 204)。九月中旬にヴェーバー夫妻は、母方の親戚を訪問するため、西部海岸には達せずにルイジアナに向けて南進した。のち東海岸を北上した一行は、フィラデルフィア、首都ワシントン、ニューヨーク、ボストンと回り、一一月末にドイツへ向けて出航した。

ドイツ人の矜持

だが渡米前に一つ事件が起きた。ドイツ人がその「暮らし向き」に応じて安い手当で招聘されているとの噂が流れ、G・イェリネック、W・ヴィンデルバントなどドイツ人参加者の招聘辞退が相次いだのである。ヴェーバーは、全参加者の平等な取り扱いが渡航の条件だと、ミュンスターベルクに抗議した。ドイツ人差別があると思い込んだヴェーバーは、一時はアメリカに行っても会議に出ないとむくれていた。とはいえヴェーバーは、金銭的な理由でドイツ人が次々に不参加を表明するのも、やはり「「国民的」利益」にそぐわないと考えていた（II4: 232–242）。

異郷アメリカに渡ってヴェーバーがまずしたのは、ドイツ関連のものに注目することだった。これは外国旅行での彼の習性だが（II3: 99, 433）、今回は出発前の悶着も影響しただろう。彼は特に旅行の前半、コロンビア大学のドイツ学者Ｗ・Ａ・ハーヴェイ教授と会い、彼の同僚や学生たちが剣術や麦酒などドイツ学生文化に興味があることを知った。またノーストナワンダ（ニューヨーク州）では、ハレ大学教授Ｊ・コンラートの娘夫妻（ハウプト牧師夫妻）を訪ね、シカゴ（イリノイ州）では、レストランで「ヤンキー」に給仕するドイツ系移民たちに目を止めた。さらにセントルイス（ミズーリ州）では、富裕なドイツ系移民のゲーナー家に泊まった。妻マリアンネによると、ヴェーバーは万博でのドイツの展示の出来栄えを見て、自国民を誇らしく感じたという。タスキーギ（アラバマ州）でも、「フォンシュトック伯爵」なるドイツ系移民とあっている。マウント・エアリー（ノースカロライナ州）やワイオミング（マサチューセッツ州）では、アメリカに移住した母方の親戚を訪ねている。ヴェーバーはミュンスターベルクが「ドイツ人として」ハーヴァードで「社会的地位を得た」ことも、「ドイツ人勢力の利益」になると歓迎した（II4: 266, 272–279, 285, 288, 301, 327, 338ff., 360–362, 393）。マリアンネも、アングロ＝サクソン系住民がドイツ系移民を下層民扱いしていると苦情をもらしていた（II4: 280, 307f.）。

セントルイス講演でも、ヴェーバーはアメリカの聴衆にドイツ人としての矜持を見せた。第一の論点はドイツ君主制の擁護である。彼は共和国の人々に対して、ドイツのような軍事国家の宿命を負った国では、君主制こそ軍事独裁者の台頭を防ぎ、「市民の自由」の防波堤になるのだと説いた(I8: 222)。第二の論点は、米独両国の移民問題の関連付けである。彼は、アメリカにおける「アングロ＝サクソン」および「ドイツ人」を、ともに「文化」水準の高い集団として位置付け、前者の後者への差別感情に釘を刺した。その上でアメリカにおける「黒人」や「東欧からの文明化されていない連中」の拡大を、ドイツ東部の「スラヴ人」の拡大になぞらえ、「文化」共同体を危機に晒す脅威として指摘したのだった(I8: 241f.)。なおこの国際会議では、東京帝国大学法科大学教授の穂積陳重(一八五五－一九二六年)も日本の近代立法事業について講演しており、それはまさに「民族の祭典」の様相を呈していた。

とはいえヴェーバーは、徐々にドイツ人として劣等感に苛まれていく。彼は各地でアメリカ人の自発的結社を見学した(フォート・ギブソンなどの「クラブ」、クリケットに励むフィラデルフィアの大学生、フットボールに沸くハーヴァード大学とペンシルヴァニア大学、F・ケリーの社会運動など)。ヴェーバーには、アメリカ人の自由闊達な精神がまぶしく見え始めていた(II4: 321ff, 358, 366f, 389, 403f.)。

2　禁欲的プロテスタンティズムの分析

アメリカ精神への瞠目

ヴェーバーはアメリカ人の活力の背後に禁欲的プロテスタンティズムがあると見た。曰く「そうした世俗化した古いピューリタン教会精神の芽が、今日のアメリカの生活にはふんだんに埋め込まれているのです」(II4: 405)。それはすでに旅行前からあった見通しらしく、彼はアメリカ旅行で熱心に宗教施設を回っていた。ノーストナワンダの「ジャーマン・エヴァンジェリカル・チャーチ」(古プロイセン合同教会アメリカ支部)、ノースウェスタン大学での宗教教育の形式化(=ドイツ化)、ニューヨークやシカゴのルター派、長老派、「倫理的文化」派、クリスチャン・サイエンス、メソジスト、マウント・エアリーのバプティストの洗礼、フィラデルフィアのクウェーカーの礼拝、首都ワシントンの黒人バプティスト教会、ボストンクリスチャン・サイエンスの「サービス」といった具合である。ちなみに、ヴェーバーがアメリカ旅行で、カトリック教会、正教会、非西洋系宗教施設を訪れた形跡はない(II4: 274–278, 290f., 342f., 359f., 363ff., 378f., 387)。

ヴェーバーはアメリカ旅行の前後、自分が編集する『社会科学・社会政策雑誌』に、「プロテスタンティズムの倫理と資本主義の「精神」」(一九〇四／〇五年)を掲載した。彼は英語圏などのプロテスタントの「世俗内禁欲」を描くことで、ドイツの同胞に警鐘を鳴らした。この論文は二部構成だが、第一章はすでに旅行前に脱稿され、第二章は旅行後に脱稿された。トライバーによると、ヴェーバーは刊行と並行して一九〇五年二月五日にイェリネックらの「エラノス・クライス」で「プロテスタンティズムの禁欲と近代の営利活動」と題して講演した(I9: 216-221/II4: 18f.)。このエラノス・クライスでは、すでに一九〇四年七月三日にもイェリネックが「自由主義の宗教的・形而上学的基盤」と題して講演しており、フランス「人権宣言」の思想的起源がアメリカ諸邦憲法にあるとの主張を展開していた。美濃部達吉が邦訳したことでも知られるイェリネック「人権宣言」論は、ヴェーバーがピューリタニズム研究を再開するきっかけとなった研究だという(I9: 314)。

カトリック問題

ヴェーバー論文の第一章は「カトリックの劣等性」の話題で始まる。バーデン大公国を対象とした門下生M・オッフェンバッハーの博士論文に基づき、ヴェーバーはプロテスタントが経済活動でカトリックよりも優越しているという点を指摘した(I9: 123ff.)。これは宗派対立が激しいドイツでは挑発的な問題提起で、現代社会でいえば先住民や移民の知能を数値化して喧伝するようなものだろう。O・バウムガルテンが宗派混住地域(ヴァルトキルヒ)の牧師だったため、この論点にはヴェーバーが十年以上も前からこだわっていたが、当時H・シェル(ヴュルツブルク大学学長)やG・v・ヘルトリング男爵(ミュンヒェン大学教授、のちバイエルン首相、伯爵、帝国宰相・プロイセン首相）らカトリック側の論客も、改善に向けて議論していた。ヴェーバーは、彼らの「改革派カトリシズム」が求める教会の変革を「この界隈の（全く無益な）希望」と呼んで憚らなかった（II2: 227/II5: 128）。ヴェーバーは、その原因が両宗派の精神構造の違いにあると考え、プロテスタンティズムの理論家たちに目を移している。ヴェーバーによれば、ルターが導入した「職業」（Beruf）概念には、英語の calling のように神から授与された使命という含意があったが、ルターは世俗権力や所与の生活条件への服従を説いて、「伝統主義」（特に問題がなければ従来通りでよいとする惰性の精神）に陥った。ヴェーバーは「資本主義の精神」の代表例として、「誠実さは他人の信用を得るのに有益である」というB・フランクリンの処世訓を引用した。そこでは営利活動は物質的欲求のための「手段」としてではなく、純粋に「自己目的」として遂行されており、中国や古代ローマ、あるいはJ・フッガー（カトリック）に見られる守銭奴根性とは違う、倫理としての性格を帯びた合理主義の思考が見られるのだという（I9: 140–215）。このように集団意識が資本主義を生んだという発想は、「観念」は経済状況の「上部構造」に過ぎないとするマルクスの唯物史観への対案でもあった（I9: 153）。

ドイツ精神への警告

第一章の脱稿後、ヴェーバーは文化的プロテスタンティズムの重鎮アドルフ・ハルナックに対して、この作品の意図を説明している。「この点は否定しないのですが、ルター精神は私にとって、その歴史上実際に現れた形態においては、恐怖

図22　アドルフ・フォン・ハルナック

のなかの最たるものです。またあなたが将来の発展への希望を込めて描くような理想的な形態においてすら、私には我々ドイツ人にとって、そこから生命を断固進めていく力をどの程度引き出せるか、必ずしも確証が持てないような代物なのです」「我々の国民が厳格な禁欲主義の学校を一度も、いかなる形態でも経験してこなかったということは、私が我々の国民に関して(同様に私自身に関しても)憎むべきだと思うこと全ての源泉になっていると思うのです」(II5: 32f.)。ヴェーバーが意図したのは、英米人などとの比較におけるドイツ人の「国民性」(Volkscharakter)の批判だった(I9: 212, 246, 262, 366 など)。

帰国後に完成された「第二章　禁欲的プロテスタンティズムの職業倫理」では、「禁欲的プロテスタンティズム」(カルヴィニズム、敬虔主義、メソジズム、洗礼運動から派生した諸派(バプティズム、メノー派など))が労働を使命とする「世俗内禁欲」の倫理を生み出したと説かれた。禁欲的プロテスタンティズムには、絶対的な神が無力な人間たちのなかから救済される者を選択するという「予定説」の発想があり、カトリック教会の、そしてルター派にも残存する簡便な魔術的救済法、つまり「秘蹟」が排除されている。カトリック教会の告解のような定期的な不安解消の機会もなく、逃げ場のない状況で孤独感に苛まれた信徒たちは、自分が救いに予定されているという確証を得たいがために労働に邁進したが、これが活発な経済活動の背景にあるという（I 9: 222–425）。

歴史学として見ると、このヴェーバーの「資本主義の精神」論には論理の飛躍がある。ここで指摘するのは以下の三点である。第一にヴェーバーは、経済活動の有様がそもそも宗教思想の違いに由来するとの前提で議論を始めているが、そんなことが言えるのかどうかは分からない。それはオッフェンバッハーやゴートハインらの研究を基に彼が出した仮説でしかない。第二に、ヴェーバーは分析対象を、プロテスタント教会に属する商工業者の心理から禁欲的プロテスタント理論家の教説へとすり替えている。一応ヴェーバーは両者の違いに気付いており、だからこそR・バクスター（ピューリタニズム）、P・J・シュペーナー（ドイツ敬虔主義）、R・バークレイ（クウェーカー派）のような生活実践に近い神学書を分析したのだが、本来は神学思想研究ではなく、商工業者の社会史研究を行うべきだった。第三に、「予定説」が生み出す救済への不安から商工業者が労働に邁進したという核心部分は、全くの想像でしかない。ヴェーバー自身が家族・親族に急き立てられて仕事に向かっていると感じ、あるいは長年の闘病生活で孤独感を懐いて、それらを近世史に投影したのではないだろうか。

のち一九二〇年に刊行された改訂版「プロテスタンティズムの倫理と資本主義の精神」で、

ヴェーバーは大幅な改訂を行った。新旧両版を比較した安藤英治の分析を踏まえると、ヴェーバーが最も拡充したのはカトリシズムの分析である。旧版でヴェーバーはカトリシズムの理論や実例には踏み込まず、お決まりの先入観(「理念型」?)を繰り返していたが、カトリック系学者からは猛批判を浴びた。キール大学のF・ラッハファールは、西欧各国の実例を挙げて、資本主義史におけるカルヴィニズムの過大評価を戒めた。またミュンヒエン大学のL・ブレンターノも、ヴェーバーが構想した罪意識を伴う「資本主義の「精神」」なるものの存在を疑い、中世イタリアの経済発展を重視した。ちなみにW・ゾンバルトは、自身はプロテスタントだが、ユダヤ人に資本主義の起源を見ていた。改稿に際してヴェーバーは、これらの批判に反撃し自説を補強することに努めた。なかでもヴェーバーは、P・ホーニヒスハイムの研究に依拠しつつ、カルヴァンの影響を受けたとしてカトリック教会内で異端視されたヤンセン主義(B・パスカルなど)に言及し、それらが正統なカトリシズムからは逸脱した例外であることを強調している(I18: 233, 282 f., 303 など)。

図23　ルヨ・ブレンターノ

ヴェーバーはこの第二章で、アングロ＝サクソン圏に対するドイツ人としての劣等感を表現した。彼は、峻厳な「予定説」は禁欲的プロテスタンティズムの諸国民に幻想なき個人主義を刻印し、「カエサル主義」に対する抵抗力ともなっている、総じて内面的自由を尊ぶイギリス人には、「大人物」の台頭は認めるものの、これに盲従はしないという節度が見られ、一八七八年以降のドイツとは好対照を為している、ピューリタニズムによる厳しい自己管理は、現在なお「イギリスやアングロ＝サクソン系アメリカ人の「ジェントルマン」」の最良の部類の人々に見られる、などと述べている(I9: 259–262, 267, 291, 306f.)。

「鋼鉄のように硬い殻」

論文の末尾で、ヴェーバーは資本主義の自己目的化に言及している。彼は、禁欲的プロテスタンティズムの心理的帰結として生まれたという営利活動への邁進が、もはや「最高の精神的文化価値に結び付けられ得ない」、つまり信仰心とは無縁な「鋼鉄のように硬い殻」となって、人間を「「支那的」化石化」(一九二〇年版では「機械化された化石化」)へと向かわせ、「精神なき専門人、心情なき享楽人」からなる空虚な社会を作り上げつつあるのかもしれない、との見通しを示している(I9: 422f./I18: 487f.)。ヴェーバー夫妻はニューヨークやシカゴで、ゴシック様式のチャペルを見下ろす摩天楼やその周辺のビジネス街、無機質な街並みに満員電車で通勤する群衆、工場で合理的に働かされる労働者、大都市の環境汚染、犯罪、腐敗、示威運動などを見て、近代が進展した果てにある荒涼たる風景に嘆息した。妻マリアンネによると、ヴェーバーは彼女に「ご覧、近代とはこういうものなのだよ」と言ったという(II4: 12, 267-273, 282ff., 287など)。ヴェーバーはのち宗教社会学論集「中間考察」でも類似の見立てを披露した(I19: 519ff.)。

とはいえこの一節に依拠して「近代批判者ヴェーバー」を強調するのは問題である。近代の行き着く果てを危惧したのは、確かに近代批判と呼び得る。だがそれに至る本文で、その根源となった禁欲的プロテスタンティズムに最大限の敬意を払い、カトリシズムやルター派信仰を反面教師としているのだから、やはり近代礼讃が基本姿勢なのである。近代批判が結論で近代礼讃はその前奏曲に過ぎなかったなどとは、ヴェーバーの他の言動も併せて考える限り、言えないだろう。ちなみに近代批判もヴェーバーの発明品ではなく、むしろ時代の流行であって、マルクスも、ニーチェも、教皇ピウス九世も、ゲオルゲも、ヒトラーも、それぞれの意味で近代批判者だった。アメリカの都市生活に近代の行き過ぎを感じて「呻き声をあげる」というのは、特に牧歌的な田舎町から来たドイツ人にはよくある保守的反応で、ヴェーバーが「自由主義的カトリック」と呼ぶ『アメリカに幻滅した男』の著者F・キュルンベルガーもその一人だった(I9: 146)。ヴェーバーものちに「ベルンハルト事件」論で、軽蔑を込めて「ビジネスマン」という英語を用いている(I13: 83)。ただヴェーバーはそういった同胞とは違い、むしろアメリカをできるだけ肯定的に見ようとしたのである(II4: 266-270)。

「鋼鉄のように硬い殻」が近代批判を意図した一節なのかも疑問の余地がある。ヴェーバーは、実際の資本家は宗教とは無縁な俗物ばかりではないかという批判が来ることを予想しており、彼の構築した「理念型」と経験上の平均像との乖離を説明する必要に迫られていた(19: 166, 170)。「鋼鉄のように硬い殻」の説明がないと、彼が描いた近世の禁欲的プロテスタンティズムの世界と、近代の無宗教的な資本主義の世界とが架橋されないのである。ただこの架橋の試みもヴェーバーの想像の産物であって、論証されたわけではない。

「プロテスタンティズムの倫理と資本主義の「精神」」は、第二章のあとに「ゼクテ」を扱った第三章が続く予定であった。だがこの部分をヴェーバーは、独立した論文「「教会」と「ゼクテ」」として一九〇六年四月に『フランクフルト新聞』に発表し、その修正版「北アメリカにおける「教会」と「ゼクテ」」を同年六月に『キリスト教世界』に発表した。ヴェーバーはここで、アングロ＝サクソン系アメリカ人の精神的成熟の起源を、アメリカ社会に特徴的な「ゼクテ」、つまり淘汰された「宗教的卓越者」からなる自発的結社に見出した。このゼクテは、ドイツで一般的な大衆救済用の「公的団体《アンシュタルト》」である「教会《キルヒェ》」と対置される。教会の場合、全員が幼児洗礼を受け、自発性の演出に過ぎない堅信礼を経て、一生漫然と所属し続ける。ゼクテが極限まで抛棄した封建的・王朝的装飾にも固執し、官憲国家の威光を笠に着る教会は、個人の切磋琢磨とは無縁の代物である、アメリカのゼクテも「欧州化」に伴い形骸化しつつあるが、その世俗的発展版たる「クラブ」が人々を選別する機能を継承しているという。ヴェーバーは、鍛錬されたアメリカ人の自由闊達さ、アメリカ・デモクラシーの「貴族的」性格に憧憬し、祖国ドイツの現状に嘆息した。このヴェーバーのゼクテ＝クラブ推奨論は、社会ダーウィニズムの一種だと言えよう(I9: 426–462)。

独米交流の奨励

帰国したヴェーバーは、アメリカとの学術交流を進めようとした。百科事典『アメリカーナ』第七巻(一九〇七年)では、ヴェーバーは「ドイツ」の項目(ミュンスターベルク編)の「農業と林業」、「工業」の部分を分担している(I8: Ergänzungsheft)。またヴェーバーはイェリネックと一九〇九年に、ワシントンのカーネギー財団やフランクフルトのメルトン財団の資金援助を得て、ハイデルベルクに政治学の大学か、国際法・比較政治の米独共同研究機関かを設立する計画を立てていたが、イェリネックの病気で実現しなかった(II6: 6, 179, 189f., 198ff., 258ff. など)。

第一次世界大戦前に書かれたヴェーバーの『経済と社会』には以下の記述がある。「ドイツ系アメリカ人は、それが自分の「民族性」を最も意識して維持しているようなものであれ――喜んでではないにせよ、それでも場合によっては――遮二無二ドイツと戦うだろう」(I22-1: 245)。つまりヴェーバーは、いざ米独戦争ともなればドイツ系移民すらドイツと戦わせるだけの求心力をアメリカは有していると、感嘆しつつ警戒していたのだった。彼は、英米の軍隊規律やスポーツ振興にまで禁欲的プロテスタンティズムの影響を看取していた(I9: 292f., 423)。ヴエーバーの危惧は、第一次世界大戦で現実のものとなったのである。

3　人種論への更なる興味

インディアンと黒人　M・ヴェーバーにとってアメリカ旅行の第二の成果は人種論への刺戟だった。彼はすでにフライブルク時代に人種論を受容していたが、まだ迷いもあった。前述のアンモン宛手紙でも、その議論を「仮説的」だと述べていた。『社会科学・社会政策雑誌』再編の口上(一九〇四年)も、この『雑誌』の「研究領域」として「社会人類学的」問題、つまり「人種淘汰の進展への経済関係の遡及的影響」、「遺伝性の肉体的・精神的資質の経済的生存競争および経済制度への影響行使」を挙げていたが、「こうした生物学と社会科学との境界問題の議論がこれまで帯びていた素人芸的性格」を克服したいと述べていた(I7: 131)。

「プロテスタンティズムの倫理と資本主義の「精神」」第一章でも、自治が許されているガリツィアとは異なり、政治的抑圧に晒されたロシア領やプロイセン領では、ポーランド人が経済に活躍の場を見出している、故郷では惰性から抜け出せないポーランド人やイタリア人も、出稼ぎ先のドイツでは見違えるように勤勉になる、などと指摘し、遺伝的要因が人間の行動を全て決定するわけではなく、「文化環境《ミリュー》」が重要だとの立場を示していた(I9: 130, 136f.)。そしてヴェーバーは、アメリカ旅行で著しく多様な現地社会を目の当たりにし、人種論への新たな示唆を得た。彼はとりわけインディアン(アメリカ先住民)および黒人に着目した。彼はフォート・ギブソンでチェロキー族のインディアンと語り合い、B・ワシントンのタスキーギ黒人師範学校を訪問するなかで、白人に賤民扱いされている黒人やインディアンにも、知的に成熟した「上層」の者がいるという印象を懐くようになっていった。ヴェーバーはニューヨークで米黒人指導者W・デュ・ボイスに書簡を送り、自分の編集する『社会科学・社会政策雑誌』への寄稿を求めた(II4: 310-320, 327-334, 391ff.)。しかし黒人の農業労働者には、ヴェーバーも「半猿ども」などの表現を用いている。同行したマリアンネも、僅かに黒人の血が入っただけで、外見は白人のように見える女教師と、「人間よりも猿を思わせる」ような「純粋黒人」とを、同じ黒人という「人種」の範疇に入れる風習に反発していた。夫妻は、人間の「文化」水準は人種が規定すると断定していたわけではないが、知的な黒人やインディアンの話題を出すとき、白人との混血であるということを意識してはいた(II4: 328f., 332 など)。

図24　ウィリアム・デュ・ボイス

プレーツとの出会い

アメリカ旅行から戻ったヴェーバーは、アメリカ帰りの人種衛生学者A・プレーツに期待した。ブレスラウに生まれアメリカで医療に従事したプレーツは、ドイツで「人種衛生学」、つまり「優生学」を旗揚げしていた。これは、世界史上の人種間闘争を見据えて、「文化」的人種たる「アーリア」人種を保護するという構想だった。設立途上にあった「ドイツ社会学会」の理事選挙で、ヴェーバーはプレーツが選出されるよう運動し、実際プレーツはヴェーバーと共に理事会に名を連ねることになった。第一回ドイツ社会学者大会でプレーツの「自然科学的な見方」が聴講できる見通しが付いたときには、ヴェーバーは「大変うれしいこと」だとの感想を漏らしていた(II6: 304, 398, 423 など)。

図25　アルフレート・プレーツ

第一回社会学者大会(フランクフルト・アム・マイン)二日目の一九一〇年一一月二一日、プレーツは自己の「人種」論を開陳した。彼はまず、「本来の持続的な生命」は多くの個体を包含した全体において受け継がれるのだと説いた。プレーツはこうした「生命」を受け継ぐ全体を「生命的人種」と呼び、その内部でさらに形態的に分類された個別集団を「分類的人種」と呼んでいる。その上でプレーツは、生存競争が果たす生物学的機能を説き、本来行われるべき弱者の淘汰が、人間社会では「隣人愛」の精神によって妨げられてきたと警告した。彼が依拠したのは、ゴールトン、ダーウィン、スペンサー、T・H・ハクスレイのようなアングロ＝サクソン圏の進化論者たちであり、またこれに共鳴するニーチェ、E・ヘッケル、W・シャルマイヤーらドイツの生物学者、哲学者、医学者であった。さらに社会学との関連で、プレーツは「社会」を個々人が相互扶助を行う集団だと規定し、これが「人種」にとっても個々人にとっても生存競争における「武器」となるのだと主張した。さらにプレーツは、「社会」を「人種」内部における部分現象と位置付け、その上で「社会生物学」は「人種生物学」の一部であるとした。

討論ではプレーツの概念構成への当惑が次々と表明され、最後にヴェーバーが以下の発言をした。(一)隣人愛精神が支配的だという事実認識への異論。ヴェーバーも隣人愛精神には違和感があったが、中世のカトリシズム支配から禁欲的プロテスタンティズムを経て近代に移行するに従い、隣人愛精神は弱まったと考えていた。(二)「社会状態の興隆はいつもその人種の興隆に依拠している」という命題への疑問。ヴェーバーは古代ローマを例に、認識できないような経路で人種的要素が作用していた可能性はあるが、それは検証不可能だとした。ここでヴェーバーが、「伝統なき民族」、「文化なき民族」、「野蛮人」などの概念を用いていることも注目される。さらにヴェーバーは、「人種」が「興隆」するとはどういうことかと問い、「神秘的な性格」のプレーツ人種論が「止め処のない主観的価値判断の領域」に迷い込んでいると批判した。ヴェーバーはプレーツの「人種」概念を洗練不足としたが、プレーツ編集の人種衛生学雑誌から得られる刺戟には感謝しているとも述べている。(三)「アメリカ合衆国の白人と黒人との社会的状況の違いは文句なしに人種に由来すると断定できる」という命題に対する異論。ヴェーバーは「ありうることだし、主観的に言えば、私にはかなりの程度蓋然性のあることのように思われる」としたが、個々の事実認識(例えば「黒人の体臭」)については異論を唱えた。(四)「社会は生き物だ」という命題への異論。ヴェーバーは「個々人の合理的行動を精神面で追体験して理解する」という視角で社会学(いわゆる「理解社会学」)に取り組んでおり、プレーツのように人間社会を一つの生命体として扱うなら、それは動物社会と同じで、社会学的考察の余地がなくなると考えた。(五)「社会学は人種生物学の一部だ」という命題への違和感。しかしプレーツから、自分は「社会生物学」が「人種生物学の一部」と言っただけで、「社会学」一般がそうだとは言っていないと反論が出たので、ヴェーバーは「社会生物学」と「人種生物学」とを区別する基準が不明瞭だと言い返した(I12: 237-260)。

ヴェーバーは後日F・オイレンブルク宛の書簡で、「プレーツ：よくある曖昧な汎生物学者主義。討論は平凡。本来の事情通が出席していませんでした。特にあなたが」と記している。ヴェーバーの熱が冷めたのは明らかであり、特に「社会学は人種生物学の一部だ」という話題に苛立っている。だが彼はプレーツ報告を否定したわけではなく、アンモンの場合と同様に、一定の懐疑を持ちつつ興味を懐いて見ていたことが分かる(II6: 655)。

このプレーツ論の背景には、当時のヴェーバーの自然科学系社会理論への両義的関係があった。一九〇八年にヴェーバーは、「限界効用説」を好意的に見る立場から、それを心理学的基盤に立脚したものだと批判するブレンターノに反論し、心理学に立脚するのは「シュモラー流」の方だと反論している(II12: 111-133/II5: 578-580)。同年、ヴェーバーは弟アルフレートのプラーク(チェスコ語ではプラハ)時代の友人で社会ダーウィニストのC・v・エーレンフェルスの著書『性倫理』を書評した。存在と当為とを分離する新カント派に連なるヴェーバーは、社会進化のために性道徳に囚われない伴侶交換を提唱するエーレンフェルスに対し、自然科学から道徳が引き出せるという発想を疑問視している。同様に一九〇九年、ヴェーバーはノーベル化学賞を受賞したW・オストヴァルトの「エネルギー論的文化理論」を書評し、一元論の自然哲学に興味を示しつつ、自然科学が規範を打ち立てるという発想には違和感を示している。ヴェーバー自身は、人種論への傾斜と並行して心理学を学習し、一九〇八年より「工業労働の精神物理学について」を発表している(II11: 63-149/II12: 134-182)。このような自然科学的手法への興味は、後述のようにヴェーバーの場合、当時強大だったシュモラーの歴史学派経済学を相対化する試みでもあったが、同時に自然科学への違和感も禁じ得ないものがあった。

ヴェーバーの人種論への興味はその後も尽きなかった。一九一〇年のプレーツ報告の直後に行われたドイツ社会学会理事会で、ヴェーバーはプレーツに、同学会内での「社会生物学部会」設立を改めて提案している。実はプレーツは以前にもこの提案を聞き、自分の主宰する「人種衛生学協会」と競合するからと難色を示し、社会学会からも脱退をしたがったのだが、ヴェーバーらが宥《なだ》めて一九一〇年の報告を実現させていたのである(I13: 811-813)。さらに一九一二年の第二回社会学者大会を前にして、ヴェーバーは「国民と人種」という論題で真先に議論が行われるべきなのに、その分科会が設けられていないと苦情を言い、「プレーツ博士なら必ず適当な人材を提案できるだろう」と彼にまた期待している(II7: 466)。ヴェーバー自身の人種論への言及としては、第二回ドイツ社会学者大会(ベルリン)でのP・バルトの講演「社会学的意味における民族性」、F・シュミットの講演「少数民族の権利」、F・オッペンハイマーの講演「人種理論的歴史哲学」への論評があり、それらと並行したものとして、『経済と社会』所収の「種族的共同体」論がある(I12: 302-328/I22-1: 162-190)。そして最後が、ヴェーバー死去のころ刊行された『宗教社会学論集』「序文」の一節だった。「我々が再三にわたって――相互に独立して発達する(ように見える)生活領域においても――西洋で、しかもそこだけで、特定の種類の合理化が発展したことに気が付くとき、ここで遺伝的資質が決定的な土台を提供しているのではないかという仮説が、当然出されることになるだろう。筆者は、自分が個人的に、そして主観的に、生物学的な遺伝素質の意義を高く評価する傾向にあることを、ここで告白する。

ただ私には、人類学的研究が重要な業績を上げているにもかかわらず、この研究で探求される発展に占める遺伝素質の役割を、その程度、そして――とりわけ――その種類と契機とに関して、いくらかでも厳密に把握することは、あるいはまた単に推測として示唆することも、今の段階ではなお不可能なように思われる」(I18: 120f.)

「世界のならず者」

ちなみに第一次世界大戦中、ヴェーバーは英仏がその植民地の先住民を、兵士として対独戦線に投入したことを非難している。彼の見るところ、それは「黒人、グルカ族、そして世界のあらゆる野蛮なならず者どもの大群」、「アフリカやアジアの野蛮人からなる人間のくず、地上のありとあらゆる盗賊ども、ならず者ども」をけしかけて、文化国家ドイツを荒廃させようとする、卑劣極まりない行為なのだった(I15: 259, 318, 433)。

4 「市民層の封建化」批判

市民層の主体性

アメリカ旅行で募ったヴェーバーのドイツ社会への苛立ちは、のちに「市民層の封建化」批判としてまとめられる一連の議論を生んだ。そこで彼は、市民層による家族世襲財産形成、市民層の子弟が参加する学生組合の二つを標的とした。彼の「市民層の封建化」批判は、貴族の打倒ではなく、市民層が貴族層に対する主体性を維持しつつ、活力あるドイツ国民国家の担い手となることを求めたものだった。

世襲財産批判

ヴェーバーはアメリカ旅行の直前、家族世襲財産批判者として名乗りを上げた。「家族世襲財産」(Familienfideikommiß)とは特定の一家門に無期限に結合した財産のことで、分割相続を防止する制度である。ドイツ帝国の支柱たる伝統的大土地所有を維持し、ドイツ国民救済の切り札になるとされていたが、自由主義・社会主義陣営から疑問を呈されていた。ヴェーバーは『社会科学・社会政策雑誌』に、論文「プロイセンの世襲財産問題に関する農業統計的・社会政策的考察」を発表した。彼は、家族世襲財産設定が再開された一八五〇年以降、シュレジエン州などで家族世襲財産が急増し、一九〇〇年にはプロイセンの一六分の一の面積に達しているとし、家族世襲財産が収益性の低い土地で「文化の担い手」の役割を担っている、それが農業者の「故郷への愛着」を高揚させ人口流動に歯止めを掛けている、というような擁護論を否定した。「プロイセン・ユンカー」にドイツ国民国家の支柱を見ていたヴェーバーは、名門貴族の保護には賛成だったが、「成金」の市民が貴族への昇格を期待して家族世襲財産を設定することには反対した。彼は、市民層には経済の荒波に漕ぎ出す使命があるとし、地代収入で生活をするのは、船が港に退避するような怠慢だと考えたのである。さらにヴェーバーは、ポーランド人労働者問題も論拠にした。彼によれば、家族世襲財産が収益性の高い農地を吸収する結果、残存する収益性の低い農地にポーランド人らが進出してくるのだという。彼は門下生ヴェーゲナーの『ポーゼン州をめぐるドイツ人のポーランド人との経済的闘争』を援用し、家族世襲財産がドイツ国民の利益を侵害し、ドイツ東部の「文化」水準を下げていると告発した。なおヴェーバーの議論を自分への攻撃だと考えたゼーリングは、憤慨して一九〇五年の社会政策学会マンハイム大会を欠席したという。ヴェーバーはさらに、ロシア領内から来るポーランド人季節労働者にドイツ農業が依存することは、ロシアの官僚がドイツの将来を左右するという事態を招くとして、安全保障の観点からも家族世襲財産の拡大を危惧したのであった(I8: 92-188/II4: 43, 244, 436)。

学生組合批判

ヴェーバーの学生組合批判は後述の「官僚制」批判とも結び付いている。彼は学生たちが学生組合を人脈作りの場とみなし、官界での出世に利用しようとしていると苛立った。この不満は彼の青年期に遡る。彼は一年志願兵だったシュトラスブルクの兵営で、自分たちブルシェンシャフト団員のライバルであるコール団員が優遇されていると感じていた。軍隊生活に耐えつつ将校昇進を夢見ていたヴェーバーにとって、このような依怙《えこ》贔屓《ひいき》は不愉快だった(III: 430, 451)。彼は早くも一八九二年の『エルベ川以東のドイツにおける農業労働者の状況』で、軍部や官界に残る東部貴族の影響を指摘する文脈で、学生組合が官界出世の道具になっていることを指摘していた(I3: 918)。

遂に一八九五年、ヴェーバーはコール団員と揉め事を起こした。同年七月二〇日、フライブルクのブルシェンシャフト・アレマニアで、ヴェーバーはビスマルクがゲッティンゲン大学で所属していたコール・ハンノヴェラを揶揄した。彼の理解では、コール・ハンノヴェラは一八六六年にプロイセン王国がゲッティンゲンを含むハノーファー王国を併合したことに抗議し、かつての団員であるプロイセン首相ビスマルクを除籍にしたが、ビスマルクが統一の英雄になると、秘かに彼の除籍処分を撤回したというのである。コールの変節ぶりを嘲笑したヴェーバーに対し、コール・ハンノヴェラ・ゲッティンゲン側は事実無根だと激怒し、彼に抗議するに至ったのである(I4: 575–578, 729–731)。

ヴェーバーの学生組合批判は、一九〇四年の「プロイセンの世襲財産問題に関する農業統計的・社会政策的考察」で火を噴いた。「多くの者にとってこれら学生組合は、とにもかくにも学生の名誉や良俗を涵養する場だというわけでは決してないのである。それはただ単に、昇進を保証するための機構でしかない。ドイツの枢密顧問官夫人たち、商業顧問官夫人たちの実に弱々しいお坊ちゃま方に必要なのは、刀傷を二つ、三つ付けさせるという、今日の実務においてはまことにささやかな「勇気」を示すことだ。というのもそうすることが、「コネ」を得るのに不可欠だからである。まさしくそのような事例について、関係者の両親が心配して私のもとに苦情を寄せている。[…]「大学での」営みが今日常にそうであるように、濃密な労働に立ち向かうことを止めてしまったまま、我々が地球の偉大な労働民族に、特にアメリカ人に伍して大国として引き続きやっていくなどというのは、まことに疑わしいという他はない。封建的な要求に、脇目も振らない市民的労働の精神の代わりが務まるわけがないのである」(I8: 183f.)

アメリカ体験はヴェーバーの学生組合批判を急進化させた。一九一一年一〇月一三日、ドレスデンでの第四回大学教官大会の席上、彼は学生組合の商科大学への滲透について、ドイツの商人身分が「封建的社会秩序」に順応しようとしていると批判した。アメリカでも全寮制で学生生活を厳しく統制するコレッジ制度が衰退し、「ドイツの状況に近付いている」が、それでもアメリカ財界代表者は、学生が商科大学で学問より大人としての自己主張の精神を学ぶことを期待し、アメリカの基盤を固めるコレッジ制度のよさを維持したいと述べている、それに引き換えドイツの商科大学は封建化して情けないというのである。だがその場でライプツィヒ商科大学で教鞭をとる実務家L・ベールから、事実無根だとの抗議があった。そして後日、報道を見て激怒したベルリン商科大学教授P・エルツバッハー、同学長A・ビンツが、学生組合は全ての商科大学に導入されたわけではない、商科大学の教官・学生の努力でその評価が商業界で高まってきたというのに、それを貶めるような発言は許せないと、左派自由主義系『ベルリン日刊新聞』で反論した。ビンツらには、ヴェーバーの発言は総合大学教授による単科大学差別に聞こえたのである。ヴェーバーはビンツ、エルツバッハーに釈明の書簡を送り、ベルリン、ケルン、マンハイム、ミュンヒェンの各商科大学にも弁明書を送った。またヴェーバーは『ベルリン日刊新聞』に投書「商科大学――応答」を掲載させ、不正確な報道に基づいて拙速に反論したとして、ビンツらを逆に非難している(II3: 325–333, 363–376, 397f./II7: 297ff.)。

後年のことだが、一九一八年一〇月一七日、ヴェーバーはF・ケラーに書簡を送り、ブルシェンシャフト・アレマニア・ハイデルベルクに脱退届を提出し、反学生組合の立場を鮮明にした(III10: 269–271)。同時にヴェーバーは、ポーランド側との領土紛争に、学生組合員が率先して参加すべきだと主張した。「東部でドイツの都市がポーランド人の支配に陥るような事態にドイツがあるというのに、クルールなど着ている奴は卑怯漢だ。お前たちの組合の家屋など売り払ってしまえ。学生組合帽やクルールを脱いで、こうした一連の封建的な馬鹿馬鹿しさにはすっかりおさらばしろ。そんなものはもう時代に合わないし、誰の役にも立たないのだ！」間もなくヴェーバーは、ドイツ再建の切り札として、ドイツ流の学生組合ではなくアメリカ流のクラブに期待するようになっていく(II6: 194f., 419, 484/III10: 318)。

図26　アルフレート・ヴェーバー

屈折した心理

ただ「市民層の封建化」批判の背景には、ヴェーバーの屈折した心理もあったようである。家族世襲財産論文を脱稿した一九〇四年五月、長弟アルフレートがハプスブルク家領ベーメン(英語ではボヘミア)王国のドイツ系プラーク大学の正教授になると聞き、ヴェーバーは弟がヴィーン宮廷から貴族に列せられるのを確実と見て、「ヴェーバー・フォン・ファレンシュタイン」なる新家名を「断固」提案している(かつてエステルライヒ学派の経済学者E・ベームがE・ベーム・リッター・フォン・バヴェルクになった例などを参考にしたのだろう)。これは戯言かもしれないが、少なくともヴェーバーは、弟が貴族になることを否定的には捉えなかった。ベルリンのグナイストらが(のちにはシュモラーやギールケも)プロイセン貴族となって「フォン」を帯びていくなか、早期引退したヴェーバーは、田舎で寂しさを感じていたのかもしれない(II4: 224, 227)。なにしろかつては彼自身がブルシェンシャフト生活を楽しんでいたのであり、予備役将校としての矜持は晩年まで維持したのである。一九〇九年のハイデルベルク学術アカデミー創立の際も、ヴェーバーはそれを「枢密顧問官の組織」、「「お偉方」のコンツェルン」と皮肉りながら、結局加入している(II6: 154, 156, 501ff.)。要するに批判者のヴェーバー自身も、「市民層の封建化」と無縁ではなかったということだろう。

5 「官僚制」批判

「市民層の封建化」批判に続き、ヴェーバーは「官僚制」批判によってドイツ社会に警鐘を鳴らした。彼の「官僚制」批判とは、自分の言動を自分で決められない組織人間、つまり主体性なき人間に対する苛立ちである。ヴェーバーは「官僚制」には二つの印象を懐いていた。第一は、「官僚制」は正確性、恒常性、規律性、厳格性、信頼性があり、つまり予測可能性、集約性、敷衍性、普遍的応用性の点で有能であって、近代的生活に必要不可欠だというものであり(I22-4: 157ff., 726ff.)、第二は、「官僚」は独立自尊の気概を持たない組織人間なので、政治には向かないというものである。

官僚制という機械

ちなみに現代の官僚制批判とヴェーバーの「官僚制」批判とは同一ではない。ヴェーバーは官僚が、民意に根差していないことを問題視したり、名誉や収入を有することを嫉妬したり、業務に不手際があることを批判したり、繁文縟礼に傾斜することを揶揄したりしたわけではない。

社会民主党

ヴェーバーがまず批判した「官僚制」は、官公庁ではなく社会民主党であった。ヴェーバーは、彼の農業経済論が階級的偏見に根差しているという社会主義陣営からの批判に業を煮やし、自分の論稿をその領袖W・リープクネヒトやG・v・フォルマールに送り付け、そちらの党の立場は共有できないが、開かれた批判は歓迎すると啖呵を切っている(II2: 292-294)。このためか一八九三年の社会政策学会ベルリン大会での討論は紛糾し

図27　社会主義陣営帝国議会議員団（1889年）

た。社会民主党員のM・クヴァルクやB・シェーンランクは、この調査が雇用主の見解だけしか聴取しておらず、当事者である労働者の声を無視していると批判した。これに対しヴェーバーは、彼ら党員の党派的結束を揶揄した。シェーンランクがヴェーバー報告への論評で、自分は「個人としては」ポーランド人流入防止も考慮すべきだと考えていると述べたのを受けて、シェーンランクは党員なので党組織の公式見解に縛られており、個人的見解も自由には言えないのだと、ヴェーバーは揚げ足を取ったのである(I4: 200)。一八九六年一一月の国民社会協会設立大会でも、ヴェーバーは社会民主党の党員統制を皮肉った。ヴェーバーはナウマンがキリスト教信仰を国民社会協会の共通了解にしようとするのを、社会民主党の党員統制のようだと批判したのであった。「社会民主党は、思想の自由を許そうとはしません。そのため社会民主党は、大衆の頭にマルクスの壊れた体系を教義として刻印するのです。社会民主党は、良心の自由を許そうとはしません。ベルリンの伝道士なら誰でも報告できることですが、社会民主党においては良心の自由などは言葉だけで、実際には存在しないのです」(I4:

言われる社会民主党の厳格な規律が、実は工場内の規律に由来するのだと説いている(I9: 151)。619)。ヴェーバーは「プロテスタンティズムの倫理と資本主義の「精神」」でも、「兵営調」と

ヴェーバーは一九〇五年にその矛先をブレンターノにも向けた。同年年頭のルール地方での労働争議を重く見たブレンターノは、社会政策学会マンハイム大会でドイツの労働者が団結権を充分に認められていないと批判し、強制加入の労働組合による労使団体交渉を要求した。ヴェーバーは、労働運動の活性化という点ではブレンターノと同意見だったが、労働者個々人の主体性を損なうようなドイツの法制度は、臆病さを擁護する「婆さんのための法」になっていると非難し、「最も男性的な民族の法」たるローマ法と対置した。さらにヴェーバーは、社会民主党系の労働組合が同党の統制に服さないままであり続けることに意義があると考えていた(I8: 256ff.)。

ミヒェルス問題

「官僚制」化が進行する社会民主党で稀に輝きを見せる逸材が現れたとき、ヴェーバーはその支援に躍起になった。R・ミヒェルスへの肩入れがそれである。カトリック系商家に生まれたミヒェルスは、一九〇三年にドイツ社会民主党に入党したが、革命的サンディカリズムに傾倒していたため、党内では異論派とされるようになった。社会学者としての上昇を図ったミヒェルスは、教授資格が取得できずに苦悩していた。ヴェーバーは『社会科学・社会政策雑誌』に掲載されたミヒェルスの党分析に共感し、その「寡頭制

図28　ロベルト・ミヒェルス

支配」論には興味を示した（もっともミヒェルスが党幹部と対置した「真の人民の意志」なるものは「私にとってはもう長いこと存在しない」、「架空のもの」に過ぎないとしたが）（II5: 99, 615f.）。ヴェーバーはミヒェルスと家族ぐるみの交流をすると同時に、その昇進に道を開かないドイツ学界を攻撃した。ヴェーバーはヴィルヘルム二世の横槍でベルリン大学での教授資格取得を拒否された社会民主党員の物理学者L・アロンスの先例を意識して、ミヒェルスが教授資格を取れないのは能力の問題ではなく、政党帰属の問題だと確信していた。ヴェーバーによれば、そうしたドイツ学界の偏狭さは、イタリア、フランス、それどころかロシアの状況と比較しても「一文化国民として厚顔無恥」と言うべきものだった。ミヒェルスはトリノ大学で教授資格を取得し、同地で私講師としての新生活を始め、ヴェーバーもそれを後押しした（II5: 185, 207, 221–224など）。なおヴェーバーは一九〇七年一〇月、K・リープクネヒトが著書『軍国主義と反軍国主義』刊行を理由に、帝国裁判所から叛逆罪で九か月の城塞禁錮刑の判決を受けたことも「厚顔無恥」だと述べており、闘志のある社会主義活動家には同情的だったと言える（II5: 407f.）。

一九〇六年九月にヴェーバーは社会民主党マンハイム大会を傍聴して、そこで看取した同党の停滞ぶりを、翌年一〇月の社会政策学会マグデブルク大会で披露した。「そこで傍聴者として参列していたロシアの社会主義者たちは、この党を「革命的」だと大真面目に信じ、ドイツの最も偉大な文化的精華にして、全世界の壮大な革命的未来の担い手だとして崇拝していたわけですが、この党を実際に目にして呆れ返っているような印象を、私は懐きました。そこでは、でっぷりした飲み屋の親父風の顔立ち、小市民的な人相が大いに幅を利かせており、革命的情熱など話題にもならず、退屈に決まり文句を繰り返して不平を述べるのです[…]」(I8: 310)。ここで社会民主党に呆れ返っているのは、他ならぬヴェーバー自身だろう。社会主義勢力の「官僚制」化論は、ロシア革命後の一九一八年六月一三日に行われたヴィーン講演「社会主義」に引き継がれていく(I15: 597-633)。

カトリック教会

ヴェーバーは、彼が社会民主党とともに「世界観政党」に数えていた中央党が基盤とするカトリック教会にも、「官僚制」化の進展を見ていた。彼は第一ヴァティカン公会議の画期的特徴を、教皇不可謬論が発布された点にではなく、教皇の「普遍的司教制」の宣言により、「助任司祭支配」が成立した点に見ていた。これは各地の司教や司祭から中世以来の聖職禄を没収して自立性を奪い、教皇庁の官吏という色彩の強い助任司祭の役割を強化したというものである。こうしたカトリック「官僚制」は、のちに「儒教と道教」で中国官僚制を描写する際にも、説明の枠組みを提供することになった。またヴェーバー

図29　教皇ピウス10世

は、カトリック教会が中央党を統制しようとしていると考えていた。C・シュミットが「ローマ・カトリシズムと政治形態」で示唆したように、ヴェーバーは一方でカトリシズムを信徒の精神構造において合理化の遅滞したものと見つつ、他方で組織形態において合理化の進展したものと見ていたのである(I 15: 451, 459/I22-4: 206, 505/I19: 313)。

ヴェーバーは「カトリック教会の見事な機械装置」への警戒を繰り返し表明した(II6: 176f.)。彼は一八九二年に自分がゲーレと企画した農業労働者調査で、事情聴取の対象としてプロテスタント教役者を想定したが、ドイツにはプロテスタントが多数派ではない地域が多く存在するという問題があった。ヴェーバーは、カトリックが多数派を占める地域で、カトリック聖職者に協力を要請することを「プロテスタントとして」拒否した。彼は、「官僚制」化が進展しているカトリック教会の内部で、末端の聖職者がこのような調査に参加するのには支障があるだろうと見たのである(I4: 707f.)。一九一七年に発表した匿名論文「ザルツブルクのカトリック大学」では、ヴェーバーは当時「新設」(戦災に遭ったチェルノヴィッツ大学の移転による再興)が計画されていたザルツブルク大学で、宗派拘束的な教職だけでなく、一部の非宗派的な教職までもがカトリック専用になっていたり、大司教の同意を必要とされていたりする点を告発した。ヴェーバーは、このような管理体制では学問的評価に基づく人事など不可能だとし、その卒業生には通常のそれと同等の資格は認められないと主張したのである(II13: 499–502/II9: 624f.)。

カトリック信仰への懐疑

ヴェーバーはカトリックの信仰姿勢も揶揄している。彼は、カトリックにとって宗教的価値を有するのは、具体的な倫理的義務でもなければ、倫理的な練達者の資質でもなく、功徳を受けるに値する「公的団体」への従順でしかないとした。彼は、カトリシズムの従順の原理は、知性主義的性格を喪失し「公的団体」に盲従する「黙信的信仰」のそれであり、敬虔な信徒を特殊な「意思喪失」状態に陥らせるという点で、神秘主義に通じるとしたのだった。こうした文脈でヴェーバーは、文化闘争期のカトリック側の闘士だった中央党議員H・v・マリンクロートの発言なるものを、カトリシズムが個人の自由を押し潰していることの証左として引用した。「カトリックの自由とは、教皇の御意に従うことが許されているという点にある」。ただヴェーバーの引用したこの発言は、議事録その他において実在が確認されておらず、先入観に基づくものである可能性もある(I22–2: 349, 353f.)。

それでもヴェーバーは、カトリックなら一律に否定したというわけではなかった。このマリンクロートやヴィントホルストのような中央党の闘士たちを、晩年のヴェーバーは、指導者気質のあった過去の政治家たちに数えている(II5: 303, 480)。ただ同時期に当時のバイエルン首相を「(教権主義者の)フォン・ヘルトリング男爵」とした表現もあるが(II9: 368)。カトリックのホーニヒスハイムはヴェーバー・クライスに出入りし、ヤンセン主義の国家・社会教説を論じた博士論文をヴェーバーに贈呈して嘉納されている(II8: 714f.)。ドイツ社会学会創立に際しても、ヴェーバーは「カトリック系学者」が獲得できないかと、ベーメン出身のカトリックだったヘルクナーに尋ねている。もっともこのとき、ヴェーバーは「私は誰も知らない。ヒッツェは無価値だから」と言い放ち、P・ヒッツェ(カトリック社会教説研究者・中央党帝国議会議員)の参加を拒否している(II6: 115)。のちにヴェーバーは、自らM・シュパーン(シュトラスブルク大学歴史学教授・中央党帝国議会議員)を提案し、声をかけた(II6: 632, 666)。とはいえホーニヒスハイムの回顧によれば、ヴェーバーはシュパーンを、カトリック系報道機関を気にする者だと低く評価していたという。

6　学問のあり方をめぐる論争

恩師としてのシュモラー

組織人間を嫌うヴェーバーは、次は学界の大物に矛先を向けた。今度の標的は、経済学者ヴェーバーの生みの親だったシュモラーである。

経済学者シュモラーは神学者ハルナックと並び、ドイツ帝国における学界の帝王だった。ドイツ統一前、シュモラーはヴュルテンベルク王国の官吏だったが、プロイセン中心の小ドイツ的統一の支持者であり、教授資格を取得せずにハレ大学、シュトラスブルク大学、ベルリン大学教授に転身した。シュモラーはドイツ帝国を代弁する経済学者となり、学界指導者として活躍する。シュモラーは、自由放任主義のH・オッペンハイムらの「講壇社会主義」批判を退け、イギリス労働組合を模範とする進歩派のブレンターノや、資本主義を警戒する保守派のヴァーグナーとも連携を維持し、社会政策学会の理事長となり、ヴェーバー兄弟ら若手を見出し、プロイセン行政史料集『アクタ・ボルッシカ』の編纂を指揮し、エステルライヒ限界効用学派と対抗して歴史学派経済学を牽引し、ベルリン大学学長、プロイセン貴族院議員として活躍し、一九〇八年にプロイセン貴族「フォン・シュモラー」となった。これに対しヴェーバーは、今日でこそ知的巨人とされるが、当時は田舎に飛んだ元若手有望株でしかなかった。教授資格取得後わずか一〇年で引退したため、彼には受賞も授爵もなく、ブレンターノや弟アルフレートのような「枢密顧問官」号の授与もなかった。またヴェーバーの猪突猛進の性格は、自説構築には資するとし

図30　グスタフ・フォン・シュモラー

ても、多様な人材をまとめ組織を運営するのに向いているとは言い難かった。

シュモラーはヴェーバーの学者人生を決定付けた人物である。シュモラーは法学者だったヴェーバーを希望通り経済学界に引き入れてくれた恩人であり、長弟アルフレート、盟友ゾンバルトはシュモラー門下生であり、同僚ラートゲンはシュモラーの義弟(妻の弟)だった。一八九八年に愛弟子エルゼをベルリン大学へ送り出した時、ヴェーバーが推薦状を持たせて熱心に援助を請うたのはシュモラーだった(II3: 511f)。またヴェーバーは一八九九年、ゴルトシュミットの演習で一緒だったポーランド人の旧友A・v・コスタネツキの教授資格取得を支援するべく、いったんその博士論文指導教官シュモラーに連絡を取ったが、研究内容を精査して消極的になり、自分の先走りを詫びたことがあったが、これも二人の信頼関係があってのやり取りだろう(II3: 683-686)。

シュモラーへの募る違和感

だがヴェーバーはバーデンで正教授になると、徐々にシュモラーに反抗的な態度を取るようになる。ヴェーバーは、グナイスト(社会政策学会初代理事長)の伝記を書いてはどうかというシュモラー(同三代目理事長)の勧誘を断り、シュモラーのグナイストへの「恭順」を問題視し(II3: 510-514)、シュモラーが企画する市民大学講座の準備に参加せず(II3: 644-646)、ハイデルベルク大学の名誉博士号授与に際しては、シュモラーではなく、彼と対抗するエステルライヒ学派のバヴェルクを推薦した(ちなみに一九〇五年には、米経済学者セリグマンが「シュモラーの強い影響で我々にのしかかる過剰な歴史主義」を断固無視したことを称讃している)(II4: 67, 611)。ヴェーバーは、シュモラーのフィヒテ論を批判した妻マリアンネへのシュモラーの立腹に気付き(II3: 755)、ドイツ系プラーク大学に就職したアルフレートが恩師シュモラーから自立したことを寿いだ(II4: 57f., 224)。

ヴェーバーは名誉正教授になるとますますシュモラーへの対決姿勢を強めた。遠隔地のバーデンに来て、また精神疾患で通常の昇進コースを外れて、のびのびした気持ちになった面もあるだろう。ヴェーバーの「ロッシャーとクニースおよび歴史学派国民経済学の論理的諸問題」は、もともと大学再建百周年記念誌に寄稿を依頼されたものだが、H・リッケルトの問題意識を引き継いで、自然科学と歴史学との対話を扱うものに変貌していた。この論文は記念誌刊行に執筆が間に合わず、一九〇三年以降『ドイツ帝国立法・行政・経済年報』(のち『シュモラー年報』と改称)に掲載された。この論文では、最新歴史学派であるヴェーバーが、シュモラーら新歴史学派に先行する旧歴史学派を、エステルライヒ学派のC・メンガーとの対決において批判的に扱っている(I7: 37–101, 240–379)。やがてヴェーバーは、彼の盟友ゾンバルトの著書『近代資本主義』についてのシュモラーの書評が事物に即していないと不満を漏らすようになる(II4: 158, 198, 415f.)。またヴェーバーは、シュモラーが妻ルシー(ラートゲンの姉、B・G・ニーブールの孫娘)を社会政策学会理事会に出席させていることを問題視した(II5: 253)。主体性にこだわるヴェーバーの胸中には、学界の帝王シュモラーの「宮廷伺候者」と見られたくないという思いが芽生えていった(II4: 243)。

『社会科学・社会政策雑誌』の主宰

そうしたなか一九〇四年、ヴェーバーはE・ヤッフェ(元ユダヤ教徒のプロテスタント・企業家)、ゾンバルトとともに『社会科学・社会政策雑誌』(以下『雑誌』と表記)の編集を担うようになったが、これはシュモラー『年報』からの自立を意味した。この『雑誌』は、社会民主党員H・ブラウンが編集していた『社会立法・統計雑誌』を、ヤッフェが前年に買収し、改称したものである。この『雑誌』は、再編第一巻の口上で、「最も広い解釈での「労働者問題」」を「その文化的意義」において理解すると宣言している。いうまでもなく、この『雑誌』の実質的指導者はヴェーバーだった(I7: 102-134)。のちにヴェーバーは、ヤッフェがバイエルン革命政権で財務大臣になったことに憤り、彼はいつも「「善良な」」人間として振る舞うが、「料簡が狭く物足りない」奴だ、自分は彼を人間として理解してきたが、一度も彼と親しかったことがないなどと述べている(III10: 791f.)。のちにベルリン大学正教授となるゾンバルトも、かねてからブラウンと密接に交流し、マルクスを評価して「修正主義」の端緒を築いたために、なかなか正教授になれず孤立しがちだった。早くに正教授になっていたヴェーバーは、ゾンバルトより一歳若かったが、まるで兄貴分のように彼を後援することになる。

この『雑誌』第一巻第一号に六七頁も割いて、ヴェーバーは論文「社会科学的・社会政策的認識の「客観性」」を掲載し、シュモラーへの闘争宣言をした。ヴェーバーによれば、何を為すべきかという価値を巡る問いに答えることは、学問の課題では有り得ない。価値判断が学問的討論の対象になるのは、そこで目指されている価値が自己目的なのか、それとも他の価値の手段なのかを整理するような場合のみで、そうした論理的思考は、お互い異なる倫理的命令に服する「支那人」にも西洋人にも、等しく妥当するものだという（余談だが、この表現にはヴェーバーの非西洋世界観が透けて見える）。ヴェーバーは、左右両派の中間に陣取ればより客観的なのだという考えをも退けた。また彼は、政策論は学問ではないとの立場から、『雑誌』表題でも「社会科学」と「社会政策」とを区別し併記した。ただヴェーバーは、学問には価値判断ができないとはいえ、思惟を方向付けるものとして価値は重要性を持ち続ける、自分は信念を持たないことを推奨しているわけではない、とも述べた。この文脈で、ヴェーバーは「理念型」（Idealtypus）を提唱している。ヴェーバーは、「無前提」に、つまり如何なる価値も交えずに歴史を叙述することはあり得ないと考え、歴史像とは観察者の問題関心に沿って事実を整理し、構築したものだと主張したのである（のちヴェーバーは、歴史家の問題意識の考察を、さらに「文化科学的論理の領域における批判的研究」（『雑誌』一九〇六年掲載）で深めていくことになる）。編集者ヴェーバーは、『雑誌』が特定党派に偏ることを否定し、学問的な議論をするものなら誰でも寄稿者から排除しないと宣言した(I7: 135–234)。

要するにヴェーバーは、価値論に関して二つの立場を示していたと言える。一方でヴェーバーは、学界長老や人気教授など影響力の大きい他者が学問の名において自分の価値観を押し付けてくることを、主体的人間として拒否し、特にシュモラーの桎梏から逃れる意味で、学問から価値判断を排除しようとした。他方でヴェーバーは、自分が主体的人間であるがゆえに、自分自身の価値観から出発しない「無前提」の学問はあり得ないと考え、また自分の信奉する価値がないような主体性のない人間にも興味が持てなかった。こうして、学問から価値判断を排除するといいつつ、学問の出発点に個人の価値判断の存在を当然視するという、何とも複雑なヴェーバー価値論が出来上がったのである。

ヴェーバーの学問的方法論は「ヴェルトフライハイト」(Wertfreiheit)という言葉に集約される。ドイツ語辞典によれば、wertfreiとは「価値を交えないこと」を意味する。一般に「フライハイト」とは「自由」だが、「○○フライ」とは「○○がない」という意味である(ステンレスをrostfrei、ノンアルコールをalkoholfreiというように)。坂敏宏によると、ヴェーバーの文章でもwert-freiは全て学問からの「価値判断排除」の意味で用いられているという。ヴェーバーは、経験的学問には価値判断ができないと言い、宗教社会学で価値判断を回避しようとしたり、政治評論でも学問の権威にかけての発言ではないと断ったりしていた(I9: 423/I15: 432, 724/I18: 488)。ところがヴェーバーは、同時に自覚的な価値判断の上に学問を構築するべきだとも考えていた。後者の文脈で彼は、自由主義言論人としての、ドイツ・ナショナリストとしての、あるいはプロテスタントとしての立場を、学問の場でもしばしば抑えることができなかった。

ヴェーバーの二面的態度は「教壇預言」への態度にも見られる。ヴェーバーは、学生が反論できない教室で、教師がその権威を振りかざして自分の価値観を押し付けることを、「教壇預言」(Kathederprophetie)と呼んで問題視した。彼が特に違和感を示したのは、平和主義者フェルスターであった(I17: 95f., 240ff.)。だがそれでいてヴェーバー自身も、自分の情熱を教室で抑えきれず、若いころはもちろんのこと、最晩年にも教壇から教師として政治煽動をしていた(I16: 270f.)。それどころかヴェーバーは、そもそも教師が価値判断に踏み込むのを恐れて、「情熱なき」講義に徹することを「官僚的見解」だとして批判し、かつてのT・モムゼンやトライチュケの講義を懐かしんだ。彼らはあまりに感情的であるために、学生は教師が価値判断を交えていることに容易に気付くからよいのだという。ヴェーバーは事実のみを淡々と述べているようで、密かに自分の価値判断を紛れ込ませているような教師を、「大規模な物質的利害関係者の似非《えせ》価値判断排除の預言者」と呼んで軽蔑した(I12: 348, 457)。だが情熱剝き出しの教師は、事実認識と価値判断とを自覚的に分離していると本当に言えるのだろうか。またヴェーバーたちと、価値判断排除を称するが実は価値判断を紛れ込ませているという教師たちとは、実態としてそれほど違うのだろうか。ちなみにアメリカの大学論でも、「事物に即し、正確で、冷静で、大衆に働きかけるような手法をとらない」講義がよいのか、伝統的なコレッジの自由な講義がよいのか、ヴェーバーの評価ははっきりしない(II3: 399f.)。

特定党派への偏向を否定するヴェーバーの宣言とは裏腹に、『雑誌』はきわめて党派的な論壇誌となっていった。ヴェーバーは「客観性」論文の後半で、マルクス主義者が学問をすることへの疑問を躍起になって攻撃しているが、これは特にゾンバルトを庇う意味でのことだろうと思われる。この『雑誌』第一巻には、ヴェーバー、ゾンバルトのほか、ブレンターノ、その門下生のT・フォーゲルシュタイン、M・ボン、社会民主党員E・ベルンシュタイン、社会学者F・テンニースなどが名を連ね、左派自由主義・社会主義(修正主義)的色彩、反シュモラー的姿勢は明瞭である。党派性だけでなく、個人的感情が編集作業を左右していたのではないかという事例もある。ヴェーバーは『雑誌』編集者として、エルゼ・ヤッフェが仲介したフロイト主義者O・グロスの投稿論文を却下し、その理由の一つとして、価値を交えないと標榜しつつ、「騒々しい価値判断」をしていることがあるとした。グロスは自由恋愛を主張して、ヴェーバーが愛していた弟子エルゼに子まで産ませた情夫であり、ヴェーバーの興奮した筆致は目を惹くものがある(II5: 393-403)。今日から見ても、『雑誌』が『年報』より開かれた議論の場だったかどうかは甚だ疑問であって、むしろ『雑誌』はヴェーバー主宰の言論誌そのものだったと言える。

価値判断論争

シュモラーに対するヴェーバーの不信感は、遂に一九〇五年の社会政策学会マンハイム大会で火を噴いた。九月二七日の分科会「カルテルの国家との関係」で報告したシュモラーは、自分の報告をナウマンがラサールなどを援用して批判し、会場から喝采が挙がった点を、二八日(最終日)の理事長総括で話題にした。シュモラーはナウマンに敬意を払いつつも、前日の彼を「デマゴーグ」のようだったとし、専門知識もないまま「古臭いマルクス主義の決まり文句」を並べ立てたと批判した上で、自分への批判についても峻拒した。さらにシュモラーは、ナウマンの発言が喝采を浴びたことにも苦言を呈し、自分が今後も理事長を務めていけるか疑問だと述べた。ここでヴェーバーが、すでに退席していた盟友ナウマンの代わりに登壇する。ヴェーバーは、ナウマンは「デマゴーグ的目的で」ではなく「正当な理想主義的情熱」によって語っただけだとし、逆にシュモラーが理事長職を利用して会員に圧力をかけたと非難した。ヴェーバーは、『フランクフルト新聞』九月三〇日掲載のE・ゴートハイン、アルフレートとの共同投書では、シュモラーの学問的敗北を強調した同紙前日の記事を誇張だと窘めたが、別の場ではシュモラーの表現を捉え、その権威主義をさらに追及しようとした。だがシュモラーの理事長辞任、同学会の分裂に至ることを危惧したブレンターノの忠告で、ヴェーバーは更なる攻撃を中止した。不満だったのか、ヴェーバーは一か月後C・

J・フクスに、「社交界向きの社会政策学会」になるくらいなら、同学会など解散した方がましだと零している(I13: 60–74/II4: 540–545, 573)。

ヴェーバー・シュモラー間の齟齬は、やがて社会政策学会内で「価値判断論争」を呼び起こした。一九〇九年九月二九日、ヴィーン大会の分科会「経済学上の生産性の本質」で、ゾンバルトやヴェーバーの発言で討論が混乱する事件が起きた。彼らによると、「生産性」概念は価値判断を含んでいるので、学問的に使用不能だという。同じころゾンバルトは、著書『ユダヤ人と経済生活』(一九一一年)で、価値判断についてこう述べている「本書は学問的な書物であるため、事実の確認および説明に専念し、あらゆる価値判断を控えている。価値判断は常に主観的であり、常に全く主観的でしかあり得ない。それというのも、価値判断は結局、あらゆる個人のきわめて個人的な世界観および人生観に基づいているからである。しかし学問は、客観的認識を伝達しようと望んでいる。学問は、根本的には常にただ一つしかない真理を求めているが、価値なるものは、根本的には価値判断をする人間と同じ数だけ存在する。そして客観的認識は、それが何らかの主観的色彩を帯びた価値判断と混ざった瞬間に曇ってしまう」(金森誠也訳を改訂)。クナップやフィリポヴィチら年長者は、ヴェーバーら「若者たちの揉め事好き」に苦言を呈し、シュモラーに同情した。この件を契機として、同学会理事会の呼びかけに応えて提出された会員たちの意見書をもとに、一九一四年一月五日にベルリンで「価値判断問題」に関する非公開の討論会が行われた。事務総長F・ベーゼによると、五二人が参加したこの会議で、ヴェーバーは唯一ゾンバルトから完全な賛同を得たものの、C・グリュンベルクらから反論を受けたのに激昂して退場し、後日副理事長H・ヘルクナーに、シュモラーには内密でという指示まで付けた匿名の激情的な書簡を送り付けたという。この書簡はもはや失われているが、この討論会にヴェーバーが提出した意見書は、改稿されて論文「社会学・経済学の「価値判断排除」の意味」として発表されている(I12: 329–382, 441–512)。

当時ヴェーバーの脳裡を掠めたのは、強大で優秀な官僚制を擁するドイツでは、主体的な人間が十分育成されないために、ドイツはアメリカ合衆国、イギリス、フランスとの競争で不利になるということであった。価値判断論争が火を噴いた一九〇九年の社会政策学会ヴィーン大会において、「官僚制」の問題を「一国の国際的な権力上の地位および文化的発展の観点からも」観察するというヴェーバーは、官僚制の「倫理的」性格を評価するシュモラーを槍玉に挙げてこう述べている。「民主的に統治されている国々[米英仏]は、部分的には疑いなく腐敗している官僚制を擁しているのに、我が国の高い倫理性を誇る官僚制よりも、はるかに多くの成果をこの世界で挙げているでは

図31　ヴェルナー・ゾンバルト

ないですか」。シュモラーに対するヴェーバーの苛立ちは、「世界政策」の領域でドイツが西欧諸国に対して後塵を拝してしまうという、彼の愛国的焦燥感とも結び付いていた(I8: 366)。

ドイツ社会学会の設立

社会政策学会左派は、シュモラーの主宰する同学会とは別に、ヴェーバーの要求する「学問的性格、つまり「倫理的」、政治的等の目的についてのあらゆる、全てのプロパガンダの排除を不可欠の前提条件にすること」を標榜する「ドイツ社会学会」を設立することにした(II6: 91)。この組織は、R・ゴルトシャイトがヴィーンで結成した「社会学協会」に起源を有し、その理事だったヴェーバーらも賛同して誕生した。ヴェーバーにとっては、これもシュモラーからの親離れの試みだったのかもしれない。ヴェーバーはシュモラーに皮肉を込めてこう述べている。「あなたが——残念ながら!——距離を置かれている「社会学協会」について、私は当時あなたに喜んで口頭で報告したでしょうし、多くの点でご助言を頂いたでしょうに」。ヴェーバーは、社会学会は社会政策学会と重複しないように、外見は似ているが、目標や手法が異なるものを目指すと述べている(II6: 99)。理事長F・テンニース(大学教授職獲得に何度も失敗)や、ゴルトシャイト(作家・ユダヤ教徒・親社会民主党的平和主義者)、G・ジンメル(一九一四年まで大学教授職にない社会学者・ユダヤ教からルター派に改宗しのち無宗教)、ゾンバルト、ヴェーバー兄弟といった顔ぶれを見れば明らかだが、この「ドイツ社会学会」は反シュモラー色の強い組織であった(但しシュモラーの後継者となるヘルクナー(ブレンターノ門下生)は参加していたが)。一時期ヴェーバーは、この社会学会の創立・運営に精魂を傾けた。彼は自分たちが編集する『雑誌』を、社会学会の学会誌として提供することまで考えたが、新編集人の参加による『雑誌』運営の困難、『雑誌』と学会との関係の緊張などを予想して、結局取り止めた(II6: 44f., 53, 67f.)。なおブレンターノは、ヴェーバーの熱心な勧誘にもかかわらず、学会幹部への違和感などから社会学会創立への参加を拒否した(II6: 94, 114, 138)。G・v・ベローもヴェーバーの参加要請を振り切り、のちに「社会学」そのものへの違和感をシュモラーの『年報』に掲載している(II6: 154)。

こうして自分で生み育てた「ドイツ社会学会」だったが、ヴェーバーがそこに属した時間は短かった。彼の意向を受けて、同学会はその規約第一条で、その営為の「純学問的」性格を強調し、「社会学のあらゆる学問的な方向性や手法に等しく場を与え、いかなる実践的(倫理的、宗教的、政治的、審美的等)目標の主張をも拒否する」と謳っていた(II6: 91)。第一回大会(一九一〇年一〇月フランクフルト)で、ヴェーバーは同学会の事業報告を担当し、諸党派の中道を行くのではなく、「全ての領域で全く無党派的」なのだと述べている(I13: 258f.)。ただヴェーバーはブレンターノ宛書簡で、同学会は「閉鎖的な、自分で参加者を採用する学者の団体」だと説明して、異論派を参加させない意向を示していたものの、それに相当する学会規約の条文は設けられなかった(I13: 857-868/II6: 293, 548)。ヴェーバーは、第一回大会から学会運営に不満を抑えきれず、早々に理事会脱退を宣言した。価値判断問題の扱い、理事長テンニースによるP・ヘック発言の「詭弁」呼ばわり、会員のみに限定されていない場での参加者からの規約批判などが主な不満の原因だった(II6: 653ff.)。結局ヴェーバーは、価値判断を完全には排除しない「粘っこい野郎」ゴルトシャイトの議長選出を理由に、第二回社会学者大会(一九一二年一〇月ベルリン)への参加を最後として、まず理事会を、続いて同学会自体を脱退した(II7: 709, 733/II8: 431, 477ff.)。

シュモラーとの切れない関係

このドイツ社会学会との関係と比べれば、シュモラー・ヴェーバーの関係は持続性があった。ヴェーバーのシュモラー嫌いは続き、ブレンターノに対しては「大いに尊敬する枢密顧問官様」などと呼びかけるのに、シュモラーに対しては枢密顧問官号も閣下の敬称も用いずに「教授」とのみ呼びかけ、それどころか別所で「シュモラー(いまでは「フォン・シュモラー閣下」だそうだ)」と嘲笑してもいた(II7: 281)。それでもヴェーバーは、一九〇五年にシュモラーからベルリン復帰を勧められたときには、体調次第では受ける意欲を示した(II4: 599)。一九〇七年九月、ヴェーバーは長弟アルフレートと社会政策学会理事長シュモラーに、工業労働者の「精神物理学」を提案して承認されている(II5: 382f., 404f.)。大規模工場が労働者の精神・肉体に与える影響を数値化するというこの企画は、ドイツ工業の能率がその「国民性」や文化水準」に規定されたドイツ人労働者のどのような資質と関連しているのかなどを探求するもので、自然科学的手法を用いた「事物に即した客観的な事実確定」、つまり「価値判断排除」の試みだった(II1: 81)。一九〇八年、ヴェーバーはシュモラー古稀記念祝賀会を欠席し、当初寄稿予定だった古稀記念論文集『ブランデンブルク・プロイセン史論集』にも結局寄稿しなかったが、ハイデルベルクから祝辞は寄せている。ここでヴェーバーはシュモラーの業績として、大学の影響力拡大、社会政策的理想主義の推進、歴史学派経済学の振興を挙げ、シュモラーを喜ばせた(II5: 108, 120f., 594f., 610)。一九〇九年年末にも、ヴェーバーは自分の社会政策学会理事への再選を当然と考え、同学会の企画にも意欲的に取り組んでいる(II6: 322f., 585f.)。それどころかヴェーバーは一九一二年に、T・フォーゲルシュタインらブレンターノ門下生と共同で、社会政策学会が内部対立にもかかわらず社会政策推進の一念で団結していることを世間に誇示するべく、シュモラーらを来賓として招いてベルリンで同学会創立四〇周年記念式典を企画したが、肝心のシュモラーの欠席宣言で頓挫している。これは社会学会でうまくいかなかったヴェーバーが、古巣の社会政策学会でシュモラーと和解しようとした試みだったのかもしれない。このときヴェーバーは、式典を創立地アイゼナハで開催したいブレンターノに対抗して、示威的効果の大きさからベルリンでの開催を強く主張している。またこのころには、ヴェーバーは(本人に向けてではないが)珍しく「フォン・シュモラー閣下」と書いている(II7: 574ff./II8: 706)。なお一九一三年のシュモラーの退官後、H・ヘルクナーが後任のベルリン大学教授、次いで同学会理事長となるが、ヴェーバーは彼を「皇太子」と

図32　ハインリヒ・ヘルクナー

呼び、シュモラーへの従属性を強調するなど、かつて急進派として鳴らした彼の保守化を揶揄し、また「道徳主義的に敏感で、幾分女っぽい精神」を持つなどと批評している（II7: 592ff, 600f.）。

ベルンハルト事件

ヴェーバーの批判は、一九〇八年にその対象をシュモラー個人から、彼が学長を務めるベルリン大学へと拡大させた。きっかけは「ベルンハルト事件」である。

L・ベルンハルト（一八七五－一九三五年）は、ヴェーバーよりも一一歳若い国民経済学者だった。彼の父レオポルトはユダヤ教からプロテスタンティズムへと改宗した企業家だった。ベルンハルトはベルリンで少年時代を過ごしたのち、ミュンヒェン大学およびベルリン大学で機械工学を、そして法学、国民経済学を学び、ブレンターノのもとで博士論文を、シュモラーのもとで教授資格論文を書いている。燃えるドイツ・ナショナリストだったベルンハルトは、A・フーゲンベルクやL・ヴェーゲナーの親友で、ポーランド人勢力打倒の意気に燃え、晩年はフーゲンベルクと連携してファシズム研究を行ったが、国民社会主義政権の誕生を歓迎しつつ、その三年目の一九三五年に死去した。

ベルンハルトには往時のヴェーバーに似た意気軒高さがあった。ベルンハルトもベルリンの上級市民出身で、ハルナックなどとの親密な交流があった。ベルンハルトも若くして博士号、教授資格を取得し、二九歳でポーゼン・アカデミー教授、三三歳でベルリン大学正教授に就任した。輝かしい実績の裏返しとして、ベルンハルトにも傲慢なところがあり、学界長老に挑戦して臆するところがなかった。ヴェーバーは一九〇六年にこう書いている。「ポーゼンの教授ベルンハルトはよい教師で、頭の鋭い男だが、まだどことなく若さがちらほらと見受けられる」(II5: 176)。ベルンハルトの出世作『ポーランド問題』についても、ヴェーバーは「あらゆる学問的未熟さにもかかわらず、ともかく書かれていること自体は重要で、手法的に独特のものであることを立証した、そして(少なくとも私には)非常に印象深い本を書いた」などという棘のある評価をしている(II3: 81)。

一九〇八年、「ベルンハルト事件」が勃発する。ヴェーゲナーの回顧およびE・R・フーバーによると、このベルンハルトを高く評価したプロイセン文部省の実力者P・シュヴァルツコプフが、ベルリン大学哲学部に国家学講座を一つ新設して彼を招聘したが、肝心の同学部との意思疎通を欠いていたため、ベルリン大学学長シュモラー、哲学部正教授ヴァーグナー、ゼーリングらが反発し、帝国宰相・プロイセン首相ビューローにも訴え出て大きな紛争になった。引退していたアルトホフも執り成しに奔走し、ベルンハルトは自分の採用の可否を学部の決定に委ねるとして一年間の休暇に入ったが、その間ベルリン大学が彼の更迭を決定しなかったので、ベルンハルトは自分の赴任が承認されたものとみなして、一九〇九年から同大学で講義を開始し、同大学と再び紛争に突入した。結局ベルンハルトの着任は、大学によって承認されたが、彼は経済学講義を年長の同僚の諒解があるまでしないとする誓約書に署名した。だが一九一〇・一一年の冬学期、ベルンハルトはプロイセン文部省の諒承を得てこの義務を振り捨て、ゼーリングの向こうを張った経済学講義を始め、大学と三度目の紛争に陥り、遂にはベルンハルトがゼーリングにピストルでの決闘を申し出る騒ぎにまでなった(II13: 75–77)。

「ベルンハルト事件」勃発から二か月後の一九〇八年六月一八日、ヴェーバーは匿名記事を『フランクフルト新聞』に掲載し、関係者に厳しい批判を向けた。ヴェーバーはまず学部側の諒解を事前に得ようとしなかったベルンハルトの非礼を責め、自分が若い時分にはそうした意思疎通が「学界の作法の最も初歩的な義務」だったとした(実際ヴェーバーは、一八九一九年初頭に自分がプロイセン文部省からボン大学教授への招聘話を受け取ったとき、ボン大学にこの件を承知しているのか、確認を取っている(II10: 427ff.))。だがヴェーバーの矛はすぐに方向を変え、論点の大胆な組み替えを行った。ベルリンではプロイセン文部省(およびその後援で赴任したベルンハルト)対ベルリン大学の対立が話題となっていたのに、ヴェーバーはベルリン大学とプロイセン文部省との癒着について批判し始めたのである。ヴェーバーによれば、大学教授職が大いなる名誉だった時代は去り、昨今の大学人にはベルンハルトのような「ビジネスマン」型の教師が多くなっている。彼らはプロイセン文部行政に迎合して俸禄に与ろうとする、大学の教職を金銭的利益としてしか見ない俗物たちである。そうした現象は、首都のベルリン大学で甚だしいものがある。ベルリン大学がプロイセン文部行政と癒着し、御用学者たちに講座を提供するようになると、大学教官という職業集団内の連帯が損なわれる。そして学生に対しても大学教官が体面を失うのだという。さらにヴェーバーは、「ある有名な神学者」がベルンハルト招聘に関与していたに違いないとして、ベルンハルトが『ポーランド問題』で献辞を書いていたベルリン大学正教授ハルナックへの疑いを滲ませている(I13: 16, 75-85)。

こうした「ベルンハルト事件」論で、ヴェーバーはプロイセン文部行政にはまともな学問的評価などできるはずがなく、御用学者を優遇することしか能がないという論調だったが、それは印象論に留まっていた。ヴェーバー自身も講演「職業としての学問」(一九一七年)では、大学で才能による人選が行われないのは、学部や文部行政の関係者の人格卑劣のせいではなく、「人間の共同作用の法則」のためだと述べている(I17: 76)。実際プロイセン文部行政こそが、不遇をかこっていた若手を、大学教職に抜擢して育てたという場合もある。ヴェーバーの「ベルンハルト事件」論の背景には、ベルリン大学で彼の親友ゾンバルトが教授資格を取れなかったことへの憤懣があった(I13: 100f.)。この前年、ヴェーバーはマルクスに傾倒するゾンバルトの著書『近代資本主義』を酷評し、マルクスの予言と違って資本主義が発展したアメリカ合衆国には社会主義が起きないではないかと批判したベルリン大学教授デルブリュックについて、「マルクスについて沈黙する「倫理的義務」がある」などと非難した文面を残している（II5: 232–234, 603f., 638）。けれども博士号しかなかったゾンバルトを、一八九〇年にブレスラウ大学員外教授に押し込んだのも、バーデンの大学への招聘をバーデン大公に拒否されていた親社会主義的なゾンバルトを、のち一九一七年にベルリン大学正教授に就任させたのも、実は大学側の意向を無視したプロイセン文部行政の豪腕だった。またヴェーバーが御用学者と決め付けたベルンハルトだが、彼がプロイセン行政への奉仕ゆえにベルリン大学教授になったのかどうかは全く分からないことで、むしろ彼はユダヤ系であるがゆえに大学側から就職差別を受けていた可能性もある。

「アルトホフ体制」

「ベルンハルト事件」論は、ヴェーバーのさらなるプロイセン官僚制批判の予兆だった。彼は一九一一年一〇月になると、プロイセン文部省の実力者アルトホフに矛先を向けた。アルトホフは一八七一年より帝国領エルザス＝ロートリンゲンの行政創始に関与し、ドイツ語系「シュトラスブルク皇帝ヴィルヘルム大学」の新設に従事した。この大学で事務官、教官として経験を積んだアルトホフは、やがてプロイセン文部省大学局長、同貴族院議員になり、一九〇八年に死去した。アルトホフは、一方で有能な改革派官僚として顕彰され、他方で大学の自治を脅かす官憲国家の体現者と批判されてきた。

事の発端は一九一一年一〇月一三日、ドレスデンでの第四回大学教官大会の席上で、ヴェーバーがアルトホフを批判したことにある。「大学教官大会」とは、文部行政の介入によって大学自治が危機に晒されていると憂慮した（主にプロイセン外の）ドイツ語圏の教官たちが、一九〇七年にザルツブルクで発足させた組織である。この団体の幹部となったヴェーバーは、その場の反文部行政の雰囲気のなかで、自らの屈辱体験なるものを語り出した。討論の初めにコロンビア大学のG・S・ファラートンが講演し、その論題が「ドイツの大学と異なる北アメリカの大学の制度」だったことも、アメリカを模範とするドイツ批判を好むヴェーバーの肩を押したことだろう（II3: 394）。

図33　フリードリヒ・アルトホフ

ヴェーバーの議論はプロイセン文部行政論から「アルトホフ体制」論へと発展した。彼は大学側の意向に理解のあるバーデンやザクセンの文部行政と対比して、プロイセンのそれは大学運営への介入を厭わないとし、自分はバーデンに移って「清浄な空気のもとに来た」との感じを否めなかったと述べた。アルトホフは、今後はピストルを胸に財務大臣ミーケルから予算を奪い取って来よう、などと若きヴェーバーに述べるほど、「職務への忠義」を尽くす文部官僚で、大学政策への貢献は著しい。けれども人事に関しては、アルトホフは自分が扱う人間をみな、「ならず者か下品なガリガリ亡者か」のようにあしらい、どのような手段も厭わなかった。そう言ってヴェーバーは、自分のフライブルク行きをアルトホフが妨害したという例を挙げた。議事録によると、アルトホフの妨害工作は、三つの手法で行われたという。第一に、プロイセン代議院予算委員会の国民自由党報告者であった父マックスに圧力を掛け、結果として辞任に追い込んだというもの。第二に、ヴェーバーにフライブルク招聘に関するバーデン文部省側の書簡を見せながら、お前はこんな「野郎」(Kerl)の招聘を受けてバーデンに行くのかと侮蔑的に問うというもの(実際はさらに辛辣な表現だったという)。第三に、自分がベルリン大学商法員外教授に推挙する代わりに、ヴェーバーにも他大学からの招聘を拒絶する旨の誓約書を書かせるというものである(I13: 402-410)。

このヴェーバーの「アルトホフ体制」批判にはすぐ異論が提起された。まず座席で聴いていたハノーファー工科大学のある教官が、「清浄な空気のもとに来た」という表現に苦言を呈し、その主張の検証可能性に疑問を呈した。次いで一九一一年一〇月一六日、バーデン文相F・ベームが、『テークリッヒェ・ルントシャウ』の報道を読んでヴェーバーに書簡を送ってきた。ベームは、一八九四年にアルトホフがヴェーバーの誠実さを疑わせる噂をバーデンで流したというヴェーバーの主張を事実無根とし、緊急に各紙で報道された発言の訂正をするようヴェーバー本人に要求した。ベームはヴェーバーのフライブルク赴任に関するアルトホフのバーデン文部省宛書簡（一八九四年二月一九日）を引用し、アルトホフが飽くまでヴェーバーを絶讃した上で、フライブルク行きに関する彼の自由な意志決定を尊重し、彼のベルリン大学員外教授への就任も、フライブルク行きを妨害するものではないと明言していたと指摘したのである。このちヴェーバーのドレスデン発言は数々の新聞で取り上げられ、大きな波紋を呼び起こすことになっていった（II7: 284ff.）。

反論の続発に興奮したヴェーバーは、ベームに（多いときには一日に二度も）弁明書を書いた。ヴェーバーは一九一一年一〇月一七日の返書で、新聞報道ではアルトホフが自分の誠実さを疑わせる噂をバーデンで流したと自分が述べたことになっているが、自分が実際に言ったのは、バーデン側のヴェーバー赴任への疑問視をアルトホフがヴェーバーに伝え、プロイセンに慰留しようとしたということだとし、不正確な新聞報道が余計な騒動を招いていると弁明した（II7: 287-296）。加えてヴェーバーは、自分がそのような発言をした背景には、一九一一年八月ブレスラウ大学百周年記念式典での、プロイセン文相A・v・トロット・ツー・ゾルツの発言があったのだとした。この式典でトロット・ツー・ゾルツは、文部行政は特定の潮流が大学を支配することがないようにして、大学における自由を護っているのだと述べていた。ヴェーバーは、「清浄な空気のもとに来た」という表現や、アルトホフの父マックスへの圧力の話は、撤回できないと断言した(II7: 293-296)。さらにヴェーバーは、同年一〇月一九日のベーム宛書簡で、新聞報道の訂正が進まないことに苛立ちを表明しつつ、話題を誓約書問題に移した。ヴェーバーの経過説明は以下のようなものである。一八九三年八月五日の会談で、アルトホフは自分から、ヴェーバーの員外教授昇任の提案をベルリン大学法学部にするという約定を認《したた》め、封をしてヴェーバーに渡した。ところがヴェーバーが帰宅後開封して文面をよく見てみると、ヴェーバー側が他大学のあらゆる招聘を拒絶する義務を負うという約定が付せられていた。これに激怒したヴェーバーは早速アルトホフに抗議すると、アルトホフは自分の約定を維持したまま、その付帯条項だけを断念すると返答してきたという。この説明のあと、ヴェーバーは会談でアルトホフが自分に示したバーデン文部省への侮蔑的態度の逸話を繰り返し、また「アルトホフ体制」一般の問題点を縷々展開して、自説の正しさを証明しようとしている(II7: 306-322, 329f.)。ヴェーバーは、世間にも自説の正しさを説くべく、『フランクフルト新聞』などでさらに言論活動を展開している(II13: 317ff.)。

ヴェーバーの「アルトホフ体制」を巡る白黒図式には疑問の余地がある。若きヴェーバーに惚れ込んで、何とかプロイセンに引き留めようとしたアルトホフは、彼を「ならず者か下品なガリガリ亡者か」のように扱ったと、本当に言えるのだろうか。フライブルク行きを断るという約定は、当時のヴェーバーが自ら認め、それをアルトホフ側が不要としたのであって、無断で付帯条件を付したアルトホフにヴェーバーが抗議して断念させたという説明(一九一一年一〇月一九日書簡)は、史料(一八九三年八月五日書簡)に合わない。父マックスが予算委員会で報告者を辞任したというが、プロイセン代議院議事録を見ると、父マックスは一八九三・四年にも文部行政関連の「報告者」として登壇し続け、最後の年まで変わらなかったように見える(例えば一八九七年四月二八日、五月三・五・六・七日、六月一日など)。『全集』もヴェーバー発言に見合う事実を発見できていない。アルトホフがバーデンにヴェーバーを中傷する噂を流したという説も、ヴェーバーが一八九三年当時に語っていた通りのことで、新聞が報じたように、それをドレスデンでヴェーバーが口にした可能性もあるのではないか。そもそもフライブルクを「踏切台」にするという発想は、当時のヴェーバーがマリアンネに打ち明けていた本音であって、それが家庭内から外部に漏れた可能性もある。ベルリンとフライブルクとで二股をかけ、最大限の利益を引き出したのはヴェーバーの方であり、そのヴェーバー獲得のためにベルリンとカールスルーエとの間に応酬があったとしても、彼がそれを非難できる立場にはあるまい。ベルリンでの員外教授昇任直後のフライブルク行きというヴェーバーの不義理に対し、プロイセン文部省もベルリン大学も抗議した形跡がない。したがって青年ヴェーバーもアルトホフの寛容さに平身低頭して深謝していたわけだが、そのアルトホフが死去した途端に提起されたヴェーバーの批判はあまりにも一方的で、不可解きわまりない。

ヴェーバーの大学自治論には別の疑問も提起できる。学外者の人事関与は確かに学問の自由な発展を妨げかねないが、トロット・ツー・ゾルツが指摘したように、教官人事への学外者の関与を排除した場合、正教授たちの恩顧縁故人事により偏向した教授陣が形成されることは、本当にないのかという点である。近代ドイツの教授会がユダヤ人や社会民主党員の採用に消極的だったことは、ヴェーバー自身がよく知っているはずである(I13: 88)。またヴェーバーのように好き嫌いの激しい教授が担当者なら、また別の偏った人事(カトリックの低評価など)を行ったのではないだろうか。

大学と経済界

なお大学の文部行政からの自立性を求めたヴェーバーは、経済界からの自立性にも固執していた。ハイデルベルク大学で国民経済学第二講座の設立が議論されていた一八九八年、現地商業組合の要請を踏まえ、近隣のマンハイムでの公開講座開催を付随義務とすることで、設立の必要性をバーデン文部省に説こうという案があった。だが設立推進者であるはずのヴェーバーは、経済界への付随義務を負った大学講座というものを拒否した(I13: 594–598)。一九一七年のザルツブルク大学設立批判でも、ヴェーバーはその計画がザルツブルク界隈の「営利的関心」から出た発想であることを懸念している(I13: 501)。

7　ロシア自由主義派への愛憎

ロシアの脅威

アメリカ旅行でドイツを相対化したヴェーバーは、同じ時期もう一つの比較対象を得ていた。ロシア帝国の内政改革が、彼にロシア政治分析への道を開いたのである。

ヴェーバーは「西欧人」としての自負のもと、ロシアの政治的後進性、つまり「西欧的理念」の滲透の遅滞を問題視し、官僚制という近代的装置によって武装しつつある専制体制を憎悪し、「西欧的理念」の受容には不向きなロシア農民の無知蒙昧を警戒した。ヴェーバーは、そうした巨大な困難に立ち向かうロシア自由主義知識人たちに限りない敬意を懐き、それに比べてドイツ左派には覇気や緊張感がないと慨嘆している。しかしヴェーバーは、同時に「ロシアの脅威」がドイツにとって、ますます深刻になりつつあるとも考えており、それが彼のロシア自由主義知識人たちへの共感にも微妙な影を落としていたのである。

ヴェーバーは少年期から、一九世紀ドイツ左派共通の伝統である「ロシアの脅威」論に与していた。ヴェーバーは一八八七年七月二九日、伯父バウムガルテン宛の書簡で、カトリック教会がドイツ東部でプロイセン国家の言いなりになっている様子に驚嘆し、ビスマルクが教皇庁に事情をうまく言い含めたのだろうという噂を紹介している。つまりプロイセン国家が自国内のポーランド人を「ドイツ化」すれば、ポーランド人は生存可能性をロシア領内に求めるしかなくなり、ロシアに対して牙を剝く、それこそがプロイセン国家にとっても教皇庁にとっても都合のいい展開なのだ、ということを教皇に理解させ、プロイセン国内の「ドイツ化」には目を瞑らせたというものである(II2: 93)。

ドイツ東部農業論でもヴェーバーは「ロシアの脅威」に言及している。一八九三年三月の社会政策学会ベルリン大会で、ヴェーバーはこう口走っている。「もしいま敵が東方国境に現れ、武力をもって我々を脅かすなら、国民が国境の防衛のために軍旗の下に馳せ参じるのは明らかでありましょう」。またヴェーバーは、ドイツ東部農業がロシア出身の移動労働者に依存すると、その出国を許可する権限のあるロシア政府にドイツが翻弄されることになるのではないかと懸念していた(I4: 196/I8: 186)。ちなみにロシアの支援するスラヴ系君主国のセルビアで、国王アレクサンダル一世夫妻(オブレノヴィチ家)が一九〇三年に暗殺された際には、「セルビアの豚野郎がぶっ殺された」と表現し、王妃は「畜生女」だ、国王は「むかつく」などとして、嫌悪感を露わにしている(II4: 99)。

ロシア左派知識人との出会い

だがハイデルベルク大学に留学中のロシア左派知識人たちは、ヴェーバーのロシア・イメージを一部変えた。彼のロシア語学習を援助したБ・А・キスチャコーフスキイが、ロシアへの道案内人となった。キスチャコーフスキイは、キエフ大学の刑法学者の子に生まれ、ウクライナ文化振興・民衆啓蒙団体「フロマーダ」に参加していた。この「フロマーダ」の指導者M・ドラホマーノフは、ウクライナ人に「文化的」自治への権利があることを確信し、ロシア帝国の国家連合への改組を主張するが、ウクライナのロシアからの分離には反対するという人物である。キスチャコーフスキイはドイツでマルクス主義の影響から脱却し、П・Б・ストルーヴェの指導のもと結成された「解放同盟」に参加した。この解放同盟は、のちに立憲民主党(カデット)へ発展する団体だが、当初はロシア左派の雑多な潮流を統合する地下組織であった。当時のキスチャコーフスキイの作品に、政治論文集『道標』所収の「法の擁護のために」があるが、これはまさしく西欧主義的な「ロシア特有の道」批判であった。

ロシア第一革命の分析

ヴェーバーにとってロシア政治分析の契機は、日露戦争に伴う第一革命の勃発であった。まとまった形で公表されたのは、一九〇六年に『雑誌』に掲載された論文「ロシアにおける市民的民主主義の状況について」が初めてである。この論文は、解放同盟の憲法草案『ロシア帝国基本法』(露仏語)に、ドイツ在住のロシア人知識人C・И・ジヴァゴが書評を加え、それにヴェーバーが補足説明を付すという、迂遠な形式で執筆が開始されている。ヴェーバーは、解放同盟の憲法構想だけでなく、ドラホマーノフの憲法構想や立憲民主党の綱領にも視野を広げ、刻々と変化する情勢をも睨みながら、ロシア語史料を用いて渾身の力作を仕上げている(II10: 71-279/II5: 42)。ヴェーバーのロシア政治論は当初ここで終る予定だったが、一九〇六年に編集上の都合で一層浩瀚な論文「ロシアの表見的立憲君主制への移行」を発表することになった。第一論文がロシア自由主義の運動を共感交じりに追跡するものだったのに対し、この第二論文はロシア政府側の抑圧を告発するものであり、ロシアの政治的近代化がいかに中途半端に終り、ツァーリズムの官僚制的合理化が進展したかを強調するものとなった(II10: 281-680)。

ヴェーバーはロシア研究の過程で、この国を実際に見たいという欲求に駆られた。彼は一九〇六年三月に、数か月間ロシアを旅行するつもりだと母に伝えており、また一九一一年六月には、バルト・ドイツ人貴族H・v・カイゼルリング伯爵の招待で、同年末から翌年年頭にかけてモスクワを訪問し、さらに一九一二年夏にサンクトペテルブルクや農村部を訪れる予定だと述べている。ヴェーバーのロシア旅行は、アメリカ旅行と並ぶ重要な体験となったことだろうが、結局は実現しなかった(II5: 53/II7: 238)。

ロシア知識人との衝突

一九〇九年春、ロシア人知識人の支援者ヴェーバーは、彼らと思わぬ対立に陥ってしまう。ヴェーバーは一九〇八年一一月三〇日、国民自由党ハイデルベルク集会でこう述べたという。「強大なロシアが民主主義的憲法を、議会制を有したならば、それは大変なことであろう。ロシアは最も恐るべき列強で、そこで議会や憲法が何ら意味を持っていないからこそ、今のところ小さく縮こまっているのである」(I8: 395)。ロシア自由主義派の新聞『ロシア報知』は、この発言を批判した。「まだ最近のこと、ドイツの国家学者M・ヴェーバーがある討論で、かようなことを言った。現在の憲法がロシアに根付かないこと、ロシアの革新のときがまだ来ていないことは、ドイツにとってもっけの幸いである、革新されたロシアは、大陸の他のどんな列強とも比較にならないような新しい力を、道義的な雰囲気および感激の基盤の上に獲得するであろうと」(I10: 687)

ヴェーバーは急遽『ロシア報知』に苦しい弁明を載せた。彼の論理を解析すれば次のようになる。(一)ヴェーバーは結局、民主化が進展すれば民族間の融和が進むという楽観主義には依拠しないことを明言している。そしてその「証明」として、ハプスブルク帝国におけるドイツ人とチェスコ人との対立が普通選挙導入で却って激化したことを挙げている。(二)しかしこのままでは、ヴェーバーの議論は『ロシア報知』側の不信感を裏打ちするだけに終ってしまうので、ここで突然「ロシアの反動的なサークル」というドイツ・ロシア左派共通の敵を登場させて、自分に向けられた矛先を反らそうと試みた。ヴェーバーは、同じ反ドイツ感情でもロシア左派のものは、「ロシアの反動的なサークル」のものよりも「まし」だとし、後者の下劣さを前者の「率直」で「誠実」な態度と対置している。(三)その結果ヴェーバーは、「我々を離反させている問題の解決が民衆と民衆との直接の相互作用によって」なされるという、自分が記事の冒頭で否定したはずの楽観主義に自ら依拠しており、論理に矛盾が生じている。人間としては敬意に値するが反ドイツ的なロシア左派を、結局どうするのかという難問を突き付けられて、彼は曖昧に返答せざるを得ない状況に追い込まれたのである(II10: 691f.)。

一九一二年一二月二〇日、ヴェーバーはピロゴフ読書室五〇周年記念式典での演説で、当時ドイツの大学で起きていた、ドイツ人学生とロシア人学生との軋轢に言及した。ヴェーバーは、習慣の相違による両者の齟齬を認めつつも、「ドイツにとってのロシアの文化的意義および互いの関係」を指摘し、独露和解を呼び掛けた。ヴェーバーはまた、同様にロシア人留学生擁護の論陣を張ったハイデルベルクの同僚G・ラートブルフにも、のちに激励の言葉を送っている。ただヴェーバーのロシア人評には、少なからず皮肉も込められていた(II10: 704f./II8: 632)。ホーニヒスハイムによると、ヴェーバーはこの演説でこうも述べたという。「両国民間の緊張が高まり、ロシアがセルビアの支援を義務と感じるに至ったなら、私たちは名誉の戦場で再会することになるだろう」

ロシア政治分析から第一次世界大戦勃発までの間、ヴェーバーの思考にはロシアのポーランド問題を意識した記述がしばしば登場するようになる。一九〇八年の前半は、ポーランド人政策上の立法が相次いだ時期だった。プロイセン収用法は、ポーランド人所有地を王立植民委員会が強制収用してドイツ人入植地にすることを可能にするものだった。また帝国結社法は、公的集会におけるドイツ語使用を強制していた。帝国議会議員（自由思想連合）だった政友ナウマンが帝国結社法案に賛成票を投じた際、ヴェーバーは激怒して滞在先のフィレンツェから抗議の書簡を書き送った。「ポーランド問題において、私はあなたとはちょっと違う立場です。言語強制は、私には倫理的にも政治的にも、不可能で無意味なことです。しかし収用には、私の見るところ、即刻次の合言葉が結び付けられるべきでした――大農場の毎年の収用を、至る所で、農民入植のために！「土地を大衆に」がシュルツェ［＝ゲーヴェルニッツ］の昔の合言葉ですが、おそらくこの表現はなしのほうがいいでしょう。ポーランド人に対しては今の法律は無意味で、ただ無制限の収用権のみがそこでは意味を持ったことでしょう。それも次のような意味です。この武器を持っていたなら、我々はいまポーランド人に、彼らの「文化的自治」（ロシアの「カデット」の綱領の表現です！）を認めた上で、民族の和解を提供できただろうというわけです」（II5: 548）。ここから分かるのは、ヴェーバーが一九〇八年四月末の時点で、ポーランド人に対する「文化的自治」付与という発想に加担していたということである。そしてその構想の典拠は、彼自身が自分で示しているように、ロシアの自由主義者の綱領であった。但し見落とせないのは、ヴェーバーがこの書簡で「文化的自治」よりも、強硬な収用措置に多くの紙面を割いていることである。つまりヴェーバーはポーランド人に対し、一方で「文化的自治」を与えながら、他方で制定された収用法よりも強硬な収用措置で強い圧力をかけ、いわば「飴と鞭」を併用する形で、国家統合を維持しようと考えていたと言える。

このようにロシアの存在を意識するようになったヴェーバーは、ロシア政治論以降、ポーランド人を公然と揶揄することはなくなった。ロシア系ポーランド人L・v・ボルトキエヴィチとの交友も、彼のポーランド人観に何がしかの影響を与えた可能性がある。ボルトキエヴィチはサンクトペテルブルクに生まれたが、ロシアおよびドイツの各大学で学び、ベルリン大学国家学員外教授(のち正教授)に就任していた。

とはいえヴェーバーのポーランド人観が一九〇六年に決定的に転換したわけではない。彼は一九〇六年、所有していた象徴主義の芸術家M・クリンガーの銅版画を、ポーゼンの「皇帝フリードリヒ博物館」に売却した際、「「ポーランド人退治のための」資金を飲み込んだ」と表現している。この博物館は、ドイツ東部でポーランド人に対するドイツ人の「文化的」優位性を顕示する施設の一つだった。また一九一三年五月には、愛弟子ヴェーゲナーの部下でポーランド人に対抗するドイツ人植民を指導していたF・シュヴァルトを、「専門家中の専門家の一人」と呼んで激賞し、自分の編集する『社会経済学綱要』(モール社)の分担執筆者に提案している(II 5: 52/II8: 228, 375など)。こうした言動を踏まえるならば、「文化」の観点からするポーランド人への警戒と、ロシア情勢を踏まえたポーランド人との和解の主張とが、彼において並存していたと見るべきだろう。

開戦前に執筆された『経済と社会』の「権力威信と国民感情」の項にも、ポーランド問題への言及が見受けられる。「周知のようにこの発展［ロシア帝国の関税設定によりドイツ東部の工業生産物をロシア西部に輸入するのが不可能になったこと］により、ロシア・ポーランド人のロシア帝国理念への政治的加担が、純政治的には不可能なように見えるのに、ありうる話となったのである。つまりここでは、純経済的に決定された市場関係が、政治的な統合を促したというわけである」(I22-1: 227)。「ドイツ人、イギリス人、アメリカ人、スペイン人、フランス人、ロシア人の「国民感情」は、機能の仕方が一様ではない。最も単純な実例を選び出すならば、その範囲が経験的に言って「国民」の「理念」とは矛盾する可能性のある政治的団体との関係においてがそうである。この矛盾はかなり異なる帰結を持ちうる。［…］ドイツ国家団体内のポーランド人は、おそらくロシア系ポーランド人とは戦うであろうが、ポーランド人自身の指揮による［エステルライヒの］ポーランド軍と戦うのは困難が伴うであろう。［…］ロシア系ポーランド人は、エステルライヒ軍とよりも、ドイツ軍と戦うときのほうが頼り甲斐があるだろう」(I22-1: 245)

8　西洋近代から見た普遍史の展望

普遍史への取り組み

ヴェーバーの「世界宗教の経済倫理」は主として一九一一年から一九一三年に書かれた。彼はそれを、『経済と社会』の体系的な宗教社会学を準備する叙述篇と位置付けていた。初出は『雑誌』上で、一九一五年に「序文」、「儒教と道教」、「中間考察」、一九一六・一七年に「ヒンドゥー教と仏教」、一九一七―二〇年に「古代ユダヤ教」が発表されている。この「世界宗教の経済倫理」は、のち以前の「プロテスタンティズムの倫理と資本主義の「精神」」、「「教会」と「ゼクテ」」とともに、改稿され「緒言」を付して『宗教社会学論集』全三巻にまとめられ、彼の死後に刊行された(II8: 415f./II9: 69ff.)。

ヴェーバーの普遍史への取り組みは長い。少年期の作文に「インド＝ゲルマン民族」と「セム民族」との抗争の叙述があったことは前述した。彼が青年期に愛読したV・ヘーン『アジアからギリシア・イタリア・その他の欧州への移行における家庭内動物と文化的植物』は、バルト＝ドイツ人が書いた普遍史だった(III: 65, 145, 154)。ヴェーバーのギムナジウムには、彼の卒業時にプロテスタントが二七三人、カトリックが七人、ユダヤ教徒が二一人、仏教徒が一人いたとされ、一種の多文化共生が行われていた(III: 10)。バックルやギボンの読書も、彼に刺戟を与えただろう(III: 308)。彼自身は「古代農業事情」(一八九七年)で、古典古代の前段として「オリエント」を扱っていた(I6: 128-227/I19: 12f.)。妻マリアンネの『法発展における夫人と母――入門』(一九〇七年)も(II5: 158)、同僚イェリネックの『一般国家学』(一九〇〇年)も、ある意味普遍史の試みだった。

「世界宗教の経済倫理」の主な分析対象は儒教、ヒンドゥー教、仏教、キリスト教、イスラム教である。ヴェーバーはこの五つを「世界宗教」と呼び、「民族宗教」と対置した。また彼はこれらを「文化宗教」と呼び、「自然宗教」と対置した。ヴェーバーは、個別民族を越えて大きな影響を及ぼした宗教のみを五つ選び、そのなかで西洋(が基盤を置くキリスト教)のみが(特に禁欲的プロテスタンティズムのみが)普遍妥当性を有する合理的な文化(各種学問、法典、音楽、建築術、官僚制、「公的団体」たる国家、資本主義、営利計算法など)を育んだと事実認定をし、それはなぜかを各宗教の分析を通じて解明しようとしている。このように、非西洋に対する西洋の文化的優位という結論をまず打ち出し、続いてその理由を考え出すという論理展開は、カトリックへの優越感およびアメリカ社会への感激から出発した「プロテスタンティズムの倫理と資本主義の「精神」」のものと似ている。そして叙述は、禁欲的プロテスタンティズムの発展過程を標準として、他の宗教・宗派の軌跡を比較検討する形式を採っている。つまり禁欲的プロテスタンティズムが遂げたとされる非合理的信仰からの合理主義の誕生という逆説が、他宗教・他宗派にどの程度あったかの診断である（II9: 70）。当然議論は、非西洋世界の西洋的標準からの逸脱を指摘することになり、西洋の諸要素が非西洋では「欠如していた」(fehlte) と繰り返す論調は、日本では「欠如理論」とも呼ばれてきた。

「魔術の園」アジア

ヴェーバーは「アジア」（中国、インドおよびその周辺）を停滞した「魔術の園」と見た。彼が以前から中国を異質なものの代名詞として扱ってきたことは、前述の通りである。「儒教と道教」の大半は中国の社会経済状況の描写に費やされ、「宗教」への言及は限定的である。考察は古代が中心だが、西洋と近接した太平天国には強い関心を示している。中国における伝統主義、儀式偏重、魔術の著しさ、知識人の官僚化などの問題が指摘され、英雄精神、超越神・個人・自然法・自由といった観念、聖俗の緊張関係、自然科学などの「欠如」が指摘されるが、「儒教」における「狂躁」（いわば非合理主義）排除や名誉感情など部分的類似点も指摘される。だが最後は、中国人には貪欲な営利欲や勤勉さはあっても合理主義の精神はないという結論で終わる。インドについては、徹底した現世拒否思想があり、商業が発達し、ギリシア人やユダヤ人の影響を受け、科学的合理性の契機も宗教的寛容もあった点で西洋に近接していたのに、資本主義が内発的に生まれず、イギリスから輸入されるほかなかったのはなぜか、という問いが立てられる。ヴェーバーは「カースト」、つまり外見の異なる諸民族の遭遇によって生じ、魔術的なまでに高められた身分制度が阻害要因だったとし、生まれながらに立場が決まるのは西洋の「公的団体」としての教会(ゼクテの対象物)に類するものだと見た。同時にヴェーバーは、一方でインドには超越神・自然法・普遍倫理・信条倫理的な罪の概念が「欠如」していたが、他方でバラモンは大衆的「狂躁」を排除し、インドの苦行は技術的に世界で最も(グロテスクなまでに)発達していたともいう。ヴェーバーは「アジア」全体を見渡して、中国ではフランスのように社交的精華が生まれ、インドでは古代ギリシアのように実践的関心を超越した思想が生まれたが、どの宗教も中世キリスト教のような持続的で優勢なものにはならず、悪名高い「アジア人の際限なき営利欲」は現世内倫理へと合理化されず、「アジア人」は「自分すら意味を知らない儀式・儀礼的習慣」に縛られていると述べた。

ちなみに日本については「ヒンドゥー教と仏教」でこう論じられている。(一)朝鮮と同じく日本でもあらゆる知性主義は中国に由来した。(二)日本は純粋な同族国家で、中世の封建制が近代初めまで支配した。(三)海外貿易制限で経済が固定化され、欧州的意味での市民層が発展せず、自治を担う都市の観念が欠けていた。(四)文人が支配した封建制中国と違い、武人が有力だった封建制日本では、西洋中世の騎士道精神にも類する彼らの現世内的教養が日本人の実践的態度を決め、合理的経済倫理が獲得されなかった。(五)儒教や仏教の勢力が確立しなかったので、封建制を打倒した日本は、宗教的伝統主義の抵抗に直面せずに近代化へと向かった。ヴェーバーの判断材料は、K・ラートゲン、K・フロレンツら滞日西洋人の著作であった(I20:

432-449)。

「賤民民族」の合理性

だが古代ユダヤ教に移るとヴェーバーの論調は一変する。中国やインドの宗教についでは、彼は一部の現地史料を西洋語訳で検討したが、ユダヤ教に関しては自らのヘブライ語力も動員して、旧約聖書などの史料を綿密に読み込んでいる。彼によると、バビロン捕囚のあと再結集したユダヤ人は、自ら「賤民民族」になってゲットーにこもり、民族内での倫理的生活と民族外での暴利追求(「賤民資本主義」)とを使い分けたが、「魔術」を脱却し「罪」の観念、合理的な世俗内倫理を育んだのだという。彼は舞踏・供犠・偶像崇拝・祖先崇拝・死者崇拝など、古代ユダヤ人にもあった儀礼・儀式については、それがヤハウェ信仰により克服されたことが強調され、割礼についての記述も短く、「男根崇拝」の「狂躁」との関係性如何にも言及を避けている。ただ禁欲的プロテスタンティズムのように経済的成功が「救いの確証」として宗教的に位置付けられることはなかったとされ、やはり「欠如」が指摘されている。ただ末尾で「パリサイ主義」がゼクテの信仰形態だとされ、儀礼排除など禁欲的プロテスタンティズムとの連続性が示唆され、最後にパウロによって二重道徳が打破されたことが説かれている。なおマリアンネによると、政治評論でドイツ社会に警告を発していたヴェーバーは、ヤハウェの命令で「デマゴーグ」となり、自民族の王に敵対的発言をした預言者イェレミアに共感し、その情熱的な姿を描いたという。さらにヴェーバーはゾンバルトの

『ユダヤ人と経済生活』（一九一一年）は的外れだと述べており、対案提示を意図したと推測される（II8: 412–417）。

ちなみにヴェーバーは、パレスティナにユダヤ人国家を作ろうとするシオニズム運動に懐疑的だった。なるほど五万人余りのユダヤ人入植地なら構築可能だろうし、ユダヤ人労働者をイエメンなどから入植させられるかもしれないが、イギリスやトルコはアラビア人への配慮をしなければならない、ユダヤ人国家を作っても、収益性のある植民地も、自律的な小国家も、病院も、良質な学校もなく、イェルサレムには神殿や大祭司のような宗教的中枢もないので、何ら「約束」の地としての機能を持ち得ないという（II8: 312–315）。

ヴェーバーはイスラム教を論じることなく終わったが、宗教社会学の既刊分にわずかな言及がある。それによると、彼はイスラムについても西洋的要素の「欠如」を指摘すると同時に、瞑想的・神秘主義的なスーフィー派を小市民的なカトリック律修第三会に準え、禁欲的プロテスタンティズムと比較しようとしていたことが窺える。

西洋近代への姿勢

ヴェーバーの宗教社会学は、ヘーゲルの歴史哲学やマルクスの唯物史観などと並んで、西洋中心主義の代表例である。ヴェーバーの論考は、「人間の資質」への興味を突き詰めた「人間学」（W・ヘンニス）の一つであって、西洋覇権の謳歌を目的としたものではない。だがヴェーバーは、二〇世紀初頭の世界情勢を踏まえて、西洋が生み出した文化の普遍妥当性を歴史の帰結として強調し、その起源を辿る議論をしたのであり、視野の限定性は否めない。彼は西洋を論じる際、ゲルマン人、ケルト人、古典古代の多神教世界には立ち入らず、ユダヤ教からプロテスタンティズムへの流れを描こうとした。

ヴェーバーの宗教社会学は、比較による西洋近代の相対化とは呼び得るが、西洋近代批判の試みとは呼び得ない。二〇世紀半ば以降、アジア・アフリカの植民地独立の進展過程で、西洋中心主義、近代主義の批判が勢いを得た。最近では、「マイノリティ」、「サバルタン」への共感から、先住民の民俗祭祀を好意的に紹介し、アメリカ覇権主義への反発から、イスラム教をキリスト教よりも寛容な宗教だと力説する人々がいる。この風潮を背景に、知的巨人ヴェーバーにも西洋近代を超越した「公正」な世界宗教の比較研究者を見出そうとする解釈がある。だがそれは木に縁りて魚を求むるの類で、無謀な試みだろう。近代人ヴェーバーは、世界の諸文化にはそれぞれ「オンリーワン」としての価値がある、などというような文化相対主義者ではない。また大規模な「世界宗教」＝「文化宗教」を「正統」と呼び、小規模な部族・民族宗教は（ジャイナ教のみならず道教、仏教までも）「異端」と呼んでいる。さらに「アジア」諸宗教の「魔術」性を強調し、またカトリシズムを多神教なみに扱う一方で、ユダヤ教にこそ合理主義の契機があったと主張しているのである。

むしろヴェーバーの宗教社会学は西洋中心主義の発展を牽引してきた。日本の大塚久雄や丸山真男など戦後民主主義世代のヴェーバー受容はその好例である。また現代ドイツの西洋(西欧)中心主義歴史学の代表者であるH・W・ヴィンクラー(一九三八年―)は、九・一一同時多発テロに奮起して書いた大著『西欧の歴史』第一巻(二〇〇九年)の序文で、『宗教社会学論集』「緒言」を援用し、ヴェーバーが倫理・芸術・経済の分野で行った西洋合理主義の分析を、自分が政治の世界に敷衍するのだとして叙述を始めている。

とはいえ西洋中心主義もあり得る立場の一つであって、そこから世界史がどう見えるかを壮大に描いたヴェーバー宗教社会学は、やはり特筆すべき作品だったと言える。隠居制度や祖先崇拝こそ高い文明度の証と考えた穂積陳重の「法理学」も、日本文化を肯定的に位置付けた普遍史論だった。普遍史家が自分の立ち位置を肯定的に位置付けてしまうのは、避け難いことなのかもしれない。非西洋を批判的先入観に基づいて描いたとしても、それが全て謬説だとは限らない。西洋が生み出した文化が普遍妥当性を有するというのも、結局のところいまだに変わらないことである。西洋論を出発点に東洋各地域を縦横無尽に比較した『宗教社会学論集』は高度な知的産物であり、社会学者ヴェーバーの主著とも呼びうるものになった(I19: 19f.)。

9 「ハイデルベルクのミュトス」と相次ぐ紛争

「ハイデルベルクのミュトス」という言葉がある。ツタの生い茂る古城、赤い砂岩の街並み、ネッカール川に迫る山々が美しい大学町で、ヴェーバーら世界的な知識人が集い、議論に花を咲かせたという、ドイツ語圏文化の黄金時代を表現した言葉である。

詩と真実

実際近代はハイデルベルク大学の最盛期で、今日でも同地には当時の痕跡が多く残っている。穂積八束、小野塚喜平次、美濃部達吉、中田薫、上杉愼吉、吉野作造、佐々木惣一ら明治の日本人学者も、この時期にここに留学していた。

だが「ミュトス」の実態は「麗しき調和」ではなく、自負心が強い知識人たちの絶え間ない「闘争」だった。そもそも学問の世界とはそうしたものである。この小さな町でも、一触即発の人間関係が展開されていた。ヴェーバーは一九一〇年から一九一四年にかけて絶えず深刻な紛争に巻き込まれ、知的創造に専念できない状況になっていた。

ルーゲ事件

第一の紛争は婦人運動をめぐってである。慈善事業家の母ヘレーネに育てられたヴェーバーは、バーデンで知的な伴侶マリアンネとの共同生活を続け、妻に反対する地元婦人連を「怒れる老龍たち」などと冷笑していた(II3: 602)。「古代文化没落の社会的理由」（一八九六年）でも、ヴェーバーは女性解放による支配層の家族の弛緩がローマ没落の理由だとの説を疑い、むしろ下層における家族の再建がその没落と関係があると述べている（I6: 100f.）。弟子E・リヒトホーフェンを後押しし、シュモラーに紹介したことも、すでに見た通りである。ヴェーバー夫妻と交友関係にあったM・バウムがリヒトホーフェンに続いて工場査察官に就任し、一九〇六年に女性ゆえに職場で不利益扱いを受けたとして上司と争ったとき、ヴェーバーはバウムに加担し、共同で声明「バーデンの工場監察」を出している（I8: 280–299/II5: 106, 145–148, 218ff.など）。さらにヴェーバー夫妻の周辺には、ナウマンの腹心G・ボイマー、同僚の妻C・イェリネック、教師E・グナウク＝キューネなど、当時の名立たる婦人運動家たちがいた（ただカトリシズムに改宗したグナウク＝キューネには、ヴェーバーは皮肉を込めた書簡を送っている（II6: 176–178））。ヴェーバー家でも、末弟アルトゥールのノルウェイ人妻ファルボルグは、婚家の雰囲気に触発されて婦人問題への関心を深めていた（II6: 77f.）。

一九一〇年年末にルーゲ事件が勃発する。A・ルーゲ（一八八一－一九四五年）はヴィンデルバントの愛弟子で、カント研究で博士論文、教授資格論文を執筆し、当時はハイデルベルク大学私講師であった。のちに反ユダヤ主義者として名を上げ、国民社会主義ドイツ労働者党（NSDAP、いわゆる「ナチス」）にも加担することになるルーゲは、一九一〇年一二月三日の『ハイデルベルク日報』に記事を掲載し、その直前に同地で開かれた婦人運動の集会をこう揶揄したのである。「今日の婦人運動は――まさしく例のハイデルベルク婦人大会が示したように――老嬢、石女、未亡人、ユダヤ人女から構成された運動である。でも現に母親であり、母親としての義務を果たしているようなご婦人方は、そんなものには参加しないのだ」。この発言に憤慨したマリアンネは、早速ルーゲに抗議文を送り、後日さらにそれを『ハイデルベルク新聞』でも公表した。マリアンネは、運動参加者の多くが既婚者、母親だと主張し、ルーゲの揶揄したのは具体的に誰のことかと詰問したのである。両者の言い合いが過熱するなか、ヴェーバーは、一二月一三日に妻側で参戦し、「あなたのように振舞う人間が、大学に属しているのは残念だ」と書き送った。実はヴェーバーは、以前にも哲学雑誌『ロゴス』の発刊をめぐってルーゲと言葉を交わし、彼のことを難物だと思っていた(II6: 431, 715-717)。応酬の末、一九一一年一月三〇日にルーゲはハイデルベルク地区裁判所でヴェーバーに対する私人訴訟を起こしたが、ヴィンデルバントの主治医R・v・クレールから恩師に生命の危険が生じると言われて、二月一四日には出訴を撤回し、原因となった自分の記事は撤回しないまま、三月二九日に頑固なヴェーバーとの和解を断念すると宣言した(II7: 46ff., 96f., 101など)。

この紛争はやがて婦人問題を離れ、男同士の意地の張り合いへと変貌した。一九一一年一月上旬、『ドレスデン新報』および『ハンブルク外国人新聞』に、同じ趣旨の記事が出た。それによると、ルーゲはヴェーバーに、妻の主張を支持するのか、支持するなら場合によっては武器を取ってでも意志を通す気があるのかと問い、ベルリン大学でのベルンハルト対ゼーリングの決闘騒動と類似の状況が生じたが、ヴェーバーの方が「健康上の理由から」決闘を避けたという。この記事を読んだヴェーバーは、健康悪化で「私の学問的生産力」は損なわれても「私の武器使用能力」に問題がないことは広く知られているのに、この記事によって「私の将校としての全く個人的な名誉」が攻撃を受けたと激怒し、記事の撤回、情報源の提示を拒んだ『ドレスデン新報』との間で名誉毀損裁判になった。のちヴェーバーは、同紙の情報源がハイデルベルク大学員外教授A・コッホだと突き止め、紛争はコッホのヴェーバーに対する名誉毀損裁判にも発展した。なおヴェーバーは、事件に幾人かのコール団員も関係していると見ていた(II7: 31–33, 46ff., 65–67, 118ff., 221f., 674など)。

『社会経済学綱要』騒動

第二の紛争は『社会経済学綱要』をめぐってである。モール社のP・ジーベックは、社会政策学会の創設世代に属するG・v・シェーンベルク(テュービンゲン大学正教授)が編集していた『政治経済学便覧』について、編者の高齢化に伴い、一九〇五年にはすでにヴェーバーに法律面、内容面での相談を始め、彼にシェーンベルクの補助者、できれば後継者となって、抜本的に改稿して欲しいと考えるようになっていた。シエーンベルクの存命中はうまく進まなかったが、彼が一九〇八年に死去すると、ヴェーバーはようやく新編集者となった(II5: 93ff.)。ヴェーバーは、モール社と連携して改訂版『政治経済学便覧』の各項目担当者を選定し、自らも多くの項目を引き受けた。この『便覧』はのち『社会経済学綱要』と改称されたが、これは旧来のものの改訂ではなく、新しいものを作り上げるという意志の表明でもあった。ヴェーバーが各所に依頼して作り上げた著者一覧を見ると、ドイツ語圏経済学界の新指導者としての彼の意欲が垣間見える。ところがシェーンベルクには元来B・ハルムス（キール大学員外教授）という門下生がおり、新参のヴェーバーに補助者の座を奪われたと考えたため、一九一二年にモール社（P・ジーベック）およびヴェーバーとハルムスとの間で争いが起きた。ヴェーバーはハルムスの「未曽有の、ともかく下劣な誹謗中傷」を責め、ハルムスはヴェーバーの「病的状態」を論い、遂に一九一二年年末にキールでヴェーバーがハルムスにサーベルでの決闘を申し込む事態となった（なおこの件におけるヴェーバー側の弁護士F・ケラーは、ブルシェンシャフト・アレマニア・ハイデルベルク団員だった）。結局『社会経済学綱要』の諸巻は、計画の変更をしつつ開戦前後から刊行されていったが、ヴェーバーの執筆した原稿は、彼の歿後『社会経済学綱要』叢書第三部の『経済と社会』として未亡人マリアンネらにより一九二一年・二二年に刊行された（初版）。一九二五年には、同じくマリアンネ編集で音楽社会学を加えた第二版が刊行された（I24/II7: 522ff.）。

ザルツ・ザンダー論争

ヴェーバーの第三の紛争はA・ザルツをめぐってである。ザルツはプラークから付いてきたブレンターノ、アルフレートの弟子で、ヴェーバー夫妻とも交流し、新婚のザルツ夫妻にはヴェーバーも目を細めていた(II6: 599/II7: 539)。ところが一九一三年一〇月、ザルツの著書『近世ベーメン工業の歴史』(一九一三年)がドイツ系プラーク大学員外教授(経済史)のP・ザンダーに酷評され、とりわけ史料操作法が問題にされた。この書評を契機にザルツ・ザンダー間の応酬が始まる。ヴェーバーは、ザンダーの書評が作品批判を越えて人格攻撃になっていると憤り、自分の『雑誌』を動員して報復のザンダー攻撃を行った。すると今度はプラーク大学法・国家学部がザンダーの行為に関する調査報告書を刊行し、ザンダーへのヴェーバーの非難を根拠なしと評価し、ヴェーバーの「度を越えた、その形態だけでも許容し難い攻撃」を非難した。これに対しハイデルベルク大学哲学部も、ザルツに関して同様の報告書を出した。こうして続いた挑発対挑発の連鎖のなかで、結局はヴェーバーもザルツに不利な結論になったことを認めざるを得なかった(I13: 418-498/II8: 527-530, 730-743, 767ff.など)。それでもヴェーバーはザルツの庇護を止めず、ザルツがバイエルン革命で叛逆幇助罪に問われたあとも、ミュンヒェンでの教授資格再取得計画を後押ししている(I13: 617ff./II10: 631, 675, 678, 691ff.)。ちなみにザンダーは、一九二二年にシュモラーの未亡人が夫の歿後論文集『古き時代のドイツ都市制度』の刊行を依頼した人物でもあり、彼のザルツ・ヴェーバーへの反論文書は『シュモラー年報』にも掲載されている(I13: 419)。この対立は、ヴェーバー・シュモラー対立の代理戦争だった可能性もある。

エルゼを巡る愛憎劇

第四の紛争として、男女関係をめぐるものがあった。エリザベート（エルゼ）・フォン・リヒトホーフェン男爵令嬢は、フライブルク時代にマリアンネの紹介でヴェーバーに師事し、ベルリン大学に移ってヴェーバーの指示通りに授業を受け、ハイデルベルク大学で博士号を取得後、バーデンの工場監察官となって、一九〇二年エドガール・ヤッフェと結婚した。だがヴェーバーは、闘病の傍らでこの愛弟子エルゼに恋心を燃やすようになった。ヴェーバーに心服する妻マリアンネは、夫婦の精神的紐帯がなお強固である以上、夫の精神的回復のためにも、エルゼとの婦人運動上の連帯のためにも、傍観するしかなかったようである。エルゼは結婚後、一九〇七年にO・グロスとも深い関係になって子供ペーターを儲け（建前上は夫エドガールの子・代父はヴェーバー）、同年ハイデルベルク大学にラートゲンの後任で赴任してきた独身のアルフレート・ヴェーバーとも一九〇九年年末以降親密な関係に入った。一九一〇年にヤッフェ夫妻の関係は事実上破綻したが、離婚には至らなかった。ヴェーバー夫妻、ヤッフェ夫妻およびアルフレート、グロス、トーブラーの間では、ときに性的な、ときに知的な関係が、一時的断絶も含め多角的に展開されることになる。ヴェーバーやヤッフェの死後、エルゼは一九二五年にハイデルベルクに戻り、一九三一年からアルフレートと彼の死（一九五八年）に至るまで共同生活をし、一九七三年に九九歳で死去した（II6: 8, 367ff., 426f., 460f., 794/II10: 23-35 など）。

ヴェーバー・クライスでは、恋愛は重要な話題であった。一九一三年には、哲学者E・ラスクと法学者G・ラートブルフの夫人リナとの性的関係が話題となっていた。ラートブルフ夫妻は結局離婚している(II8: 11f., 239ff.)。究極の主体性追求というべき自由恋愛の世界は、彼らにとって紛争の根源でもあったが、知的考察の対象ともなった。ヴェーバーは宗教社会学「中間考察」で、「性愛」を「人生において最大の非合理的力」と呼び、多くの紙面を割いている(I19: 502ff.)。

なおエルゼ問題の延長線上で、一九一三年からヴェーバーはフリーダ・グロスの支援を始めた。エルゼの友人フリーダ・シュロッファーは一九〇三年にO・グロスと結婚し、夫は一九〇六年にグラーツ大学私講師(心理学)となった。だが自由恋愛が信条のグロスは、リヒトホーフエン家の姉妹(エルゼ・ヤッフェおよびフリーダ・ウィークリー)とも親密になった。グロスは浪費を繰り返し、麻薬中毒となり、失職し、二度も自殺を試みたので、妻フリーダは離婚しようとしたが、カトリックのため婚姻は解消不能だった。フリーダは夫の友人である無政府主義者E・フリックと同棲を始めたが、彼はロシア人無政府主義者解放のため警察署を襲撃した容疑で

図34　オットー・グロス

シュヴァイツ警察に収監された。ヴェーバーはフリーダを支援するため、彼女の住むマッジョーレ湖畔のアスコナを一九一三・一四年春に訪ねた。フリーダ支援は法律的・精神的なもので、元裁判官・元弁護士・元法学員外教授たるヴェーバーの面目躍如たるものがあった。なお保養地アスコナは「対抗文化」を掲げるボヘミアンたち、特に菜食主義者の集う場所で、ヴェーバーも「一種の「純粋さ」のオアシス」と評している。だが現地発の書簡は事務的なもので、ボヘミアンたちがヴェーバーの言動にどう影響したかは不明である(II8: 147–206, 386ff., 605–631 など)。

ヴェーバー・クライスの発展

だがこうした諍いも、あとから考えると「ハイデルベルクのミュトス」の牧歌的な日々の一齣に過ぎなかったのかもしれない。マリアンネの誕生日だった一九一一年八月二日の朝、彼女が眠っている部屋で、M・トーブラーの仲介で購入したピアニーノ(アップライト・ピアノ)を、突然コンラート・モムゼンが弾き始め、クララ・モムゼンが歌って、マリアンネを目覚めさせるという趣向が、プレゼントとして行われた。争いの最中にも、ヴェーバー家は教養市民の優雅な生活様式を保っていたのである(II7: 253)。

A・ハウスラートの死去に伴い、M・ヴェーバー夫妻は一九一〇年に「ファレンシュタイン・ヴィラ」(Ziegelhäuser Landstraße 17)に入居し、トレルチュも同館の上階に入居した。一八四七年に祖父G・ファレンシュタインが建てたこの建物は、いまもネッカール川沿いのハイデルベルク城の対岸に威容を誇っている。そこには大きなサロンがあり、やがてここでE・ザリーンやH・プレスナーが語ったような、日曜日夕方五時からの「定例茶話会」が開かれるようになった。サロンには、ローマで入手した複製の「デルフォイの馭者像」が鎮座していた。一九一〇年夏にゲオルゲ・クライスの面々がやってきたのも、このヴィラである。ヴェーバーは一九一九年にミュンヒェンに行くまでここに住み、夫の死後マリアンネは一九二二年にこのヴィラに戻った(II6: 7)。

図35　ファレンシュタイン・ヴィラ

図36　ファレンシュタイン・ヴィラのサロン

大学の外にヴェーバー・クライスが生まれ、多様な若者が出入りするうちに、一部ではヴェーバー崇拝の風も始まった。マリアンネはゲオルゲたちが来た際、個人の自立ではなく権威への服従を尊ぶ気風に違和感を懐いたというが、ヴェーバー周辺にもK・レーヴェンシュタインやホーニヒスハイムのような信奉者が集い始めていた。エルゼ・ヤッフェは語る。「学生たちは、みな彼のことを愛し、尊敬していました。なんとも感動的なことではありませんか？」そしてヴェーバーの死後、その伝記作家マリアンネがハイデルベルクに戻って再開したサロンでは、ヴェーバーの大きな頭像が、「デルフォイの馭者像」と共に参会者を見守ったのだった。

だが争いも芸術も学問も、全てを押し流す巨大な津波が、ヴェーバーやその周辺の人々のすぐそばまで迫っていた。ドイツの運命を変えた第一次世界大戦の勃発である。

第四章　ドイツの名誉のための闘い　一九一四―一九二〇年

1　世界大戦とドイツ文化の自己保存

予備役将校の出陣

一九一四年七月、欧州諸国は岐路に立たされた。かつてイギリスはスペイン無敵艦隊を撃破して海上覇権を奪取し、プラッシーで勝利してフランスをインドから放逐した。プロイセンはエステルライヒをケーニヒグレーツで破って、ドイツ統一の主導権を奪った。ドイツ連合軍はフランス帝国軍を撃破し、ドイツ国民国家建設を実現した。その後四〇年、ドイツ帝国が発展を続けるなかで、それを好まない近隣大国との対決は、いずれは避け難いものだった。サライェヴォ事件が「七月危機」をもたらしたのを見て、欧州諸大国はそれぞれが抱える年来の課題を、久しぶりの戦争で解決しようと決意した。

一九一四年八月一日、ヴェーバーの日常は一変した。この日、独露が戦端を開き、翌日ヴェーバーは陸軍中尉として、バーデン大公国駐留のプロイセン王国陸軍第一四軍団に出頭した。ルーゲ事件でも見せた予備役将校精神の発露である。ただ五〇歳の彼は相変わらず体調が優れず、七月末にも「ここ二か月といい、とても体調が悪い」と述べる有様だったので、ハイデルベルクで野戦病院運営の任に着くことになった(I15: 23/II8: 775, 782)。ヴェーバーは、出征したオーバーエルザスの長弟アルフレート、ロートリンゲンの次弟カール、リエージュの末弟アルトゥール、ブロンベルクの義弟H・シェーファーを羨望の眼差しで見詰め、自分も要塞までは出向くことを考えた(II8: 782, 790)。曰く「[母に]あなたの息子全員のなかで、私は最も生まれ付きの「戦闘的な」本能を備えているのです」(II9: 395)。「この戦争が一七年から二〇年前に起きていたなら、私は大尉として中隊を率い、敵に向っていったでしょうに」(II9: 24)

開戦時のヴェーバーはドイツ人同胞の精神的高揚に感激していた。「この戦争は本当に、その結果がどうなるにしろ、偉大で素晴らしいものです。それはあらゆる期待を超えています。期待以上なのは、戦争のもたらす成果ではなく、兵士たちの「精神」のことです。それはここで目にすることができましたし、野戦病院では毎日見ることができますが、あらゆる期待を越えています。そしてまた、少なくともここでは、一般民衆の精神も概してあらゆる期待を越えているのです」(II8: 792)。「我々が偉大な文化民族[Kulturvolk]であるかどうかの試煉を、我々はすでに済ませました。洗練された文化の只中に生活し、にもかかわらず外で戦争の戦慄に耐えることができ(そんなことはセネガルの黒人には何でもないことなのでしょうが!)、そしてにもかかわらず大多数の我が兵士がそうであるように、本当に行儀よく帰還してくる人間たち——これこそが真の人間というものです。いかに好ましからぬ厚かましい振舞があろうとも、この点を見逃すわけには行きません」(II9: 38)。ミュンヒェン文書によると、このころ老母ヘレーネも息子たちが出陣した戦争を注視しており、一九一七年の誕生日にドイツの世界大戦での奮闘を活写

図 37　陸軍野戦病院委員会の人々（前列中央にヴェーバー）

した「シュテーゲマンのドイツ戦争史」をもらって喜び、人に朗読してもらうつもりだと長男マックスに書いていた。

出征した人々の運命は分かれた。カール、シェーファー、ラスクは戦死した。「よりによって最も有能な者が群衆のなかで死んで行く」というヴェーバーの嘆きは、『国民国家と経済政策』で示された諦念にも通じる（II8: 791/II9: 56, 115, 118）。ヴェーバーは息子ロベルトを「壮烈な戦死」で失ったモール社のP・ジーベックに弔意を表し、マリアンネの従弟ハンス・シュニットガーの追悼文ではこう述べている。「祖国のための死とは、その価値がある現世の善のために死ぬということに自信が持てる唯一のものです」。甥コンラート・モムゼンが勲一等鉄十字章を授与されたときには、ヴェーバーは「衷心からの祝意」を書き送った（II8: 787/II9: 548, 561）。これに対し、第二の祖国イタリアでドイツの「野蛮人」を攻撃する宣伝に加わり、『雑誌』の共同編集者を辞めると言い出したミヒェルスとは、ヴェーバーは激しい応酬の末に絶交した（II9: 65–67, 132–135, 145f.）。

軍務を志願したヴェーバーだったが、彼が軍務に向いているかは別問題だった。指導者たることを自負する彼は、自分の仕事を野戦病院の「統治」(regieren)だと表現している(II9: 24)。だが病院運営は組織的労働であり、彼の意に沿わないことも多い。彼は陸軍内での人間関係に不満を懐き、辞意を漏らしたが慰留された。病院時代、彼は陸軍後備役大尉へと昇進し、またミュンヒェン大学の史料によれば一九一五年に「戦争功労メダル」も受領しているが、これも慰留のための措置だったのかもしれない。なおこの病院勤務は、ヴェーバーにドイツ官僚制を間近で見る契機も与えた。官僚制は効率的だが、個人の主体性を抑圧するという評価がヴェーバーの「官僚制」論の特徴である。ヴェーバーは素人が悪戦苦闘していた病院管理を、官僚たちが整然と処理していく様子に驚嘆したのだった(II5: 32-43)。

この軍務の最中、ヴェーバーは同居人トレルチュと衝突した。発端は、仏領アルザス生まれの平和主義者で、ハイデルベルク大学員外教授(言語学)のF・E・シュネーガンスをめぐる一件である。シュネーガンスの妻アンナ(エルザスの知識人一家リヒテンベルガー家の出身)はパリ生まれでフランス人意識が強かったが、子供たちはドイツ愛国心に燃えていて、両親とは口も利かない有様だった。このシュネーガンスが、ドイツの野戦病院に収容されたフランス傷病兵を頻繁に見舞って世話を焼いたところ、周囲から

図38　エルンスト・トレルチュ

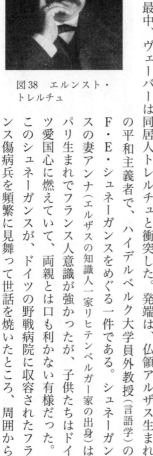

スパイ行為ではないかと疑われる事態が起きた。ザント小路の野戦病院を担当していたトレルチュは、警戒して兵士一名をシュネーガンス夫妻の見舞に同伴させた。のちシュネーガンス夫妻は、周囲の不信感を感じ取って、シュヴァイツに移ろうとしたが、この出国もフランスの反ドイツ宣伝に利用されるとの危惧から、大学関係者の反対に遭っている。シュネーガンスと長い親交のあったヴェーバーは彼に同情し、夫妻の出国を支持しただけでなく、陸軍野戦病院委員会の上司としてトレルチュの行為を非難した。トレルチュはこれを侮辱ととり、一九一五年にベルリン大学教授への任命を機にハイデルベルクを去った(II9: 120-124, 253f.)。

一九一五年九月三〇日、ハイデルベルクの陸軍野戦病院委員会が解散し、軍務を離れたヴェーバーは新たな活動を模索した。彼はブリュッセルやベルリンで政治的役割を模索したが果たせず、結局同年年末から政治評論活動を展開することにした。彼が言論活動を開始した背景には、第一次世界大戦を取り巻く「戦争目的論争」があった。各国が自国の正当性を主張するなかで、ドイツの知識人も愛国的弁明に奔走していたのである(II9: 8f., 108f.)。

闘争的国際政治観

ヴェーバーは、国家同士が切磋琢磨するのを当然とし、平和を願う「被抑圧階級」の国際的連帯に期待したり、「相互依存」による戦争の無意味化を主張したりすることはなかった。「我が国の腰抜け平和愛好家ども」という表現が、彼の姿勢を端的に物語っている(II9: 550)。マリアンネの盟友G・ボイマーが婦人運動雑誌『女性』

で、キリスト教倫理と祖国愛との間で悩みつつも後者を選択すると表明し、シュヴァイツの婦人運動家G・ノルトベックから批判されたとき、ヴェーバーはボイマーを擁護した。彼はここで福音書の徹底した体現者としてトルストイを挙げ、ボイマーのみならず自分も、その対極に立つことを宣言したのである(I15: 93–98)。「職業としての学問」(一九一七年)でヴェーバーは、右の頬を打たれて左の頬を出すのは卑屈であり、悪に立ち向かうのが「男の尊厳」を保つことだとも述べている。またヴェーバーは同所で、平和主義学生による愛国主義的なベルリン大学教授D・シェーファーの授業の妨害、愛国主義的学生による平和主義的なミュンヒェン大学教授F・W・フェルスターの授業の妨害に触れているが、そこでフェルスターについては自分と立場が違うと言い添えているのに、シェーファーについては特に論評していない(I17: 95f., 100f.)。ヴェーバーは開戦前から、倫理が人間の主体性を委縮させることを危惧していた。以下は一九一〇年のマリアンネ宛書簡の一節である。「倫理的価値は、この世に単独で存在しているわけではない。倫理的価値が「断念」を求めるのであれば、それは罪に陥った人間を小さくしかねない。そして罪なき行為が不可能な場では、倫理的価値は解決不能な紛争を招きかねない」(II6: 380)。この発想は、敗戦後のヴェーバーのドイツ戦争責任否定論にもつながってくる。

名士民族の一つたるドイツ

ヴェーバーによれば、あらゆる国家が国際的権力闘争の主体たり得るわけではない。人口が多く権力闘争を意識して組織された「世界大国」(Weltmächte)

——ドイツ、フランス、イギリス、ロシア、アメリカ、エステルライヒ、イタリア——のみに、将来世代のために自分の「文化の独自性」を維持するという使命があるという(そこでは日本、中華民国、トルコは挙がっていない)。ヴェーバーによれば、大国ドイツにはロシア、イギリス、フランス、アメリカに対抗して、自国の「文化の独自性」を維持する「歴史の前での責任」があり、それは「いかなる平和主義的なお喋り」によっても変更不可能な「運命」なのだという(I15: 95f, 192f)。さらに彼は、「確かにエステルライヒはあらゆる大国のなかで最も膨張欲がない大国であった。そしてまさにそれゆえに——これは容易に見落とされることだが——最も脅かされた大国だったのである」と述べ、大国であればそれなりの膨張意欲を有するのが健全な状態だと考えていた(I15: 96)。なおシュヴァイツ、デンマーク、オランダ、ノルウェイ、スウェーデンについては、「素朴な市民の道徳」、「真のデモクラシー」を実現できるとし、それら小国を軽視してしないと弁明した(I15: 95f, 190-192)。

ヴェーバーはこの戦争でのドイツの権益拡大を目指す急進ナショナリズムには反対し、かつて自らが参画した「全ドイツ連盟」とも衝突した。彼は「全ドイツ派」の運動が、ドイツ国内が団結できていないかのような外見を生み出し、また反英感情の掻き立てがイギリスとの和解を困難にするのを危惧した(I15: 133, 724/II10: 74など)。ただ「私は全ての(欧州での!)併合には、東部も含め反対です」という記述を見ると、ヴェーバーも欧州外領土の獲得などは考えていた可能性があり(II9: 221)、また「私は東部も含め異言語地域のいかなる併合にも反対です」という表現には、ドイツ帝国が同化しない異民族をさらに抱え込むのを恐れる単一民族主義的発想が垣間見えるので、逆にドイツ語圏であれば併合も視野に入れていた可能性がある(II9: 228)。

ヴェーバーは、「中欧列強」、つまり独墺の孤立無援を危惧し、西欧列強との和解、アメリカ合衆国の参戦防止、ロシア帝国との対決という三つの目標を呈示した。彼は、ドイツが戦後も他の世界列強と対等に「世界政策」を遂行できること、つまり世界大の国際問題に発言権を確保することを目標とした。この思いを、ヴェーバーは**Herrenvolk**という概念に託している。**Herrenvolk**は一般に「主人民族」、「支配者民族」などと訳され、ドイツの世界支配への野望の表現とされているが、ヴェーバーの場合は「名士民族」と訳されるべきである。彼によれば、ドイツは国際社会のエリート・クラブの品格ある正会員ではあるべきだが、ドイツが世界を支配するべきというわけではない。大戦の後半、ヴェーバーは内政の民主化が「名士民族」の前提と考えるようになる(I15: 396, 525f., 594f., 713, 731など)。ヴェーバーは、敗戦した場合ドイツの世界大国としての地位が剝奪され、ドイツ人がユダヤ人のような「賤民」(Paria)へと転落してしまうことを危惧していた(I15: 193)。

ヴェーバーはあるべきナショナリズムの姿をめぐり、長年の盟友とも意見を異にした。『雑誌』の共同編集者ゾンバルトは、大戦下での経営上の懸念から彼の論文掲載を渋るヤッフェに反発して、『雑誌』が「ますます公然化するユダヤ的＝国際主義的＝社会民主主義的傾向」を帯びていると批判し、共同編集者を辞めると言い出した。ゾンバルトはまた、イギリス人の物質主義を揶揄し、ドイツ人の公共心や精神主義を称揚する『商人と英雄』を発表していた。ヴェーバーはゾンバルトのヤッフェへの反発は共有しつつ、彼の「国民至上主義的憤激」には「唖然とする」と危惧を示した。ただヴェーバーはそれも「あなたの権利」だと言い、最終的には許容したのだった（II9: 79f., 246）。

イギリス　ヴェーバーはイギリスとの早期和解を主張した。露仏伊政府は自国民に大言壮語してしまった手前、休戦できない状況になっているが、イギリスにはそうした内政事情がないという。ヴェーバーはイギリスの議会政治や貴族に対する敬意を、戦争中も変わらず表明している（II5: 64, 406, 472, 490f.）。とはいえヴェーバーは、ドイツ建艦政策へのイギリス「俗物市民」の過剰反応を非難し、イギリスの海上特権に苦言を呈し、スカーゲラクでのドイツ海軍の勝利に喝采した。自由主義的であるがゆえにイギリスに共感していた時代は過ぎ去ったとも述べた（II5: 57, 162, 166, 175, 694）。ヴェーバーはゾンバルト『商人と英雄』と同様に、イギリス人の振舞を「倫理的でない」、「小商人染みている」と形容した（II5: 77）。

フランス　ヴェーバーはフランスを政治的には重視しなかった。彼はこの国を「ふたりっ子の国」（夫婦の子供が二人だけでは国民の総人口が減少するという発想）などと呼んで停滞の象徴と見ていたが、それがドイツからの「アルザス＝ロレーヌ」奪還に固執していることには困惑した。彼は仏領アルザス＝ロレーヌのドイツ帝国への併合を必要なことだったとし、帝国領エルザス＝ロートリンゲンの発展のために、いち早くプロイセンへ併合しなかったことを批判した。そして今後は、ドイツ帝国内で帝国領住民が満足するように、（かつてのオランダのような）世襲総督あるいは大公を頂く一領邦にすることなどを提案した（II5: 55, 67, 78, 174, 352f./II9: 608f., 756f.）。その一方でヴェーバーは、新婚旅行で英仏に行ったことも示すように、フランス語圏文化に一定の興味を懐いてもいた。彼がドイツのベルギー併合に反対したのも、「麗しい、すっかりフランス的な都市」ブリュッセルを「このドイツ支配の不気味さ」が覆うのを不快に思ったからである（II2: 467–474/II9: 140）。

ベルギー　ヴェーバーは開戦前ベルギーの中立性には疑問を呈し、ドイツ軍のその侵犯を批判する英仏に反論した。またドイツ占領下のベルギーは、西欧列強の脅威に対する「抵当物権」とされるべきであり、ゲルマン系のフラマン人が「ロマンスかぶれする」（verwelschen）のを妨げることが、ドイツにとっての「文化的利益」にもなるとした。つまりこの文脈では、ロマンス系文化（いわゆるラテン系文化）はゲルマン系文化の脅威として認識されている。ただベルギーを実地検分したヴェーバーは、ドイツ占領の恒常化は現地民が受け入れないだろうと予想し、また英仏との和解のためもあって、ドイツによる併合には反対した。もっともヴエーバーは、ルクセンブルクについては「一八六七年以前の状態」（プロイセン軍の駐屯）の恢復を求めていた（I15: 55, 62–65, 79–82, 177f./II9: 101–106 など）。

西欧の道徳攻勢

ヴェーバーは「民主主義」を振りかざした西欧諸国のドイツ内政批判に反発した。「ドイツ国内の国制問題に介入するという無邪気な傲慢さに対して、党派の違いを問わずあらゆるドイツ人は、ドイツ人を「解放」し幸福にしてやろうなどと約束する外国に対して、包囲されたときのゲッツ・フォン・ベルリヒンゲンの有名な友好的招待の言葉をもって、きっぱりとこう答えるであろう。ドイツの政治機関の「民主化」と呼ばれるものを我々が切望するのは、おそらくまだ長く継続するだろう自衛の戦争に、我々が立ち向かおうとするこの瞬間に、それが国民統一の維持に不可欠の手段だと思うからである。そして我々が議会主義化を要求するのも、政治指導の統一性を保証し、過去にそれこそこの反ドイツ世界連合が結成されるに際して無縁ではなかったような誤謬を、将来には確実に防止するためである。だがドイツの権益と名誉とを拋棄するような党派が権力の座に着くということは、一瞬たりとも不可能であろうと」（I15: 302）。これは、ゲーテ『鉄腕のゲッツ・フォン・ベルリヒンゲン』第三幕で、騎士ゲッツが居城ヤクストハウゼンを包囲した皇帝の討伐軍を前に、降伏を拒否して「俺のケツを舐めろ」と挑発した場面が念頭にある。

アメリカ　ヴェーバーはアメリカ合衆国がドイツに宣戦布告するのを阻止しようとした。彼はドイツの潜水艦作戦を、海上封鎖というイギリスの国際法違反に対するドイツの対抗措置だとしつつも、アメリカ参戦を招きかねないとして中止させようとした。ヴェーバーは、アメリカが協商側に立って参戦した場合に、ドイツ側が蒙る大損害を強調する建白書をＦ・ゾマリーと執筆し、これを外務省や政党指導者たちなどに送付している(I15: 99–125)。

国内でのヴェーバーの対米姿勢は両義的だった。彼はラウエンシュタイン文化会議(一九一七年)でＭ・マウレンブレッヒャーが「アメリカ主義」流入の弊害を説いたとき、それは「国際的なるものであり、ドイツでも強く支持されているもの」だとし、その拡大を不可避とした。この論法は、ドイツ法学者ギールケがドイツで継受されたローマ法に、近代の社会的不平等の根源があると批判した際、ヴェーバーがローマ法学者として反論し、社会経済上の変化に伴い、法学的・技術的により高度なローマ法が必要とされたのだとして、ローマ法の普遍的意義を説いたという事件を想起させる(I4: 524–534/I15: 707)。だがヴェーバーは、イギリスの反独煽動に同調するアメリカ世論にも憤慨していた。彼は米大統領Ｔ・Ｗ・ウィルソンを「講義か博士論文の試験かにおける法律家」のようだと批判し、「我々の「現実政治[Realpolitik]」」を誇り高く対置した。この概念でヴェーバーが意識したのは、おそらくトライチュケだったのだろう(II9: 413)。

図39　トーマス・ウッドロウ・ウィルソン米大統領

ヴェーバーは米国内の親ドイツ派とも交流を維持した。アメリカ旅行に際しヴェーバーのコロンビア大学訪問を仲介した経済学者セリグマンが、彼に書簡を送ってきた。そこには、同大学教授(英文学)W・P・トレントの詩が添えられていた。トレントはドイツ系でもドイツ留学者でもないが、ドイツの闘いを称讃する詩「ドイツ一九一五年」を書いていた。アメリカ人のなかに親独感情があることは、ヴェーバーには歓迎すべきことだったろう。彼は早速『フランクフルト新聞』編集部に転送したが、掲載はされなかった(II9: 43f.)。

ロシア　ヴェーバーがドイツの主要敵と見たのはロシア帝国である。ロシアはドイツの国民として、大国としての存立を絶滅し得る、そしてドイツ文化のみならず世界の文化をも脅かす存在であり、その脅威は人口増加に伴い増大するという。彼がドイツと西欧列強との和解を急いだのは、独露が差し当たりほとんど架橋不能だと考えたからであった(II5: 56, 87, 180)。ヴェーバーにとってロシア軍は「野蛮人や文盲の軍隊」であり、「文明化された軍隊」とは違って、個々の兵士に祖国に奉仕する意志がない「二百万の囚人」に過ぎない。加えて彼は、「文化」の欠如した農民大衆が生き延びるために新しい耕地を獲得しようとする「民衆帝国主義」がロシアの領土欲の源泉になっていると主張した（I15: 88, 173, 181, 452）。さらに曰く「ロシアの規律なき群れがその時々の進撃の際、部分的には同じ種族も居住している地域で犯した獣のような残虐行為は、中世の蒙古時代を想起させるものである」（I15: 318）。ヴェーバーの東方脅威論は、一八九〇年代のポーランド人から二〇世紀にロシア人へと矛先を変えつつ、続いていたのである。彼のロシア脅威論はロシア革命後も変化しなかった。「帝国主義的膨張の衝動がツァーリ、カデット、ボリシェヴィキのどの体裁をとったところで、いうまでもなくその効果の面では全く同じことである」（I15: 406）。ロシア対策として、ヴェーバーは中欧列強のスラヴ人諸勢力との協力を模索し、自らポーランド語学習にも取り組んだ（I15: 91f., 182/II9: 316f., 325など）。

2　戦争遂行のための内政改革構想

言論活動の内政転換

一九一七年春からヴェーバーは、ロシア革命やアメリカ参戦に触発され、内政改革論議に没頭した。彼はこの内政改革により、ドイツ人の戦闘意欲を最大限に引き出し、もってドイツの戦闘能力を最大化することを目指した。彼は個人の主体性強化が国家をも強くすると信じており、軍事技術には関心が薄い精神主義者だった。彼が要求したのは、(一)各領邦における前線の兵士への最上級の選挙権の付与、(二)帝国議会の活性化による「官僚制」化の抑制、(三)皇帝および連邦諸侯の言動統制である。

選挙権の平等化

最大の焦点は「プロイセン三級選挙法」改革であった。一院制の帝国議会の選挙法は、男子・普通・直接・平等・秘密選挙で、当時の世界で有数の、イギリス以上に民主的な選挙法だった。だがドイツ帝国を構成する連邦諸国の最大領邦プロイセン王国には、二院制(貴族院・代議院)の領邦議会があった。貴族院は身分制・職能制議会である。代議院は公選制議会だが、「三級選挙法」、つまり男子・普通・間接・等級・公開選挙を行っていた。選挙区ごとにプロイセン国籍を有する二五歳以上の男子を納税額の順に並べ、上位の者から順番に納税額を合計していき、その選挙区の総納税額の三分の一に達したところまでで第一等級とする。そして再び合計を始め、また総納税額の三分の一に達したところまでで第二等級とする。それ以外が第三等級である。当然低い等級ほど人数が多いが、それぞれの等級が同数の選挙人を公開選挙で選出し、その選挙人が最終的に議員を選出したのだった。身分を問わない三級選挙法は、導入当時としては進歩的だったとも言えるが、社会主義陣営の台頭につれて、財産による差別が問題視されるようになっていく。このため帝国議会では中規模政党に過ぎないドイツ保守党が、プロイセン代議院では第一党になり、帝国議会では一九一二年に第一党にまでなった社会民主党が、プロイセン代議院では一九〇八年に初議席を獲得するという極端な差異が生じたのである。

青年期に平等選挙法を警戒していたヴェーバーが、一転それを求めるようになった背景には、前線兵士への敬意があった。彼は、納税額による等級選挙法で戦時利得者が前線兵士よりも大きな発言権を持つのは、「金権主義的」で公正ではないと考えるようになったのである。彼は、特定の範疇の人々にのみ二票以上を与える「複数投票制」という改革案にも批判的だった。大学で得た専門知識は学者・官僚・技術者としての資質を保証するのみで、その人物の政治的資質には関係ない、大家族の家長に複数票を与えるというのも、プロレタリアートやポーランド人のような「子沢山」の政治的台頭を招く、富裕層や独立自営業者に複数票を認めるというのも、銃後に残った者に有利に働くという。彼は、軍功のある者に有利な選挙権を与えるという発想も、兵士の戦後の権利を現在の上官の匙加減に委ねるもので、鉄十字章を政治の道具に貶めるものだと批判する。彼は職能制議会も、国内の「政治的統一」という現下の課題に反すると却下した(I15: 204-235, 600)。

議会強化による官僚制抑制

選挙法改革論に続いてヴェーバーが訴えたのは、ドイツ政治の「官僚制」化の防波堤として議会を活性化することだった。彼はこの戦争で、「官僚」には自立した思考や行動ができないという持論に確信を強めた。彼の否定的「官僚制」観を強めた人物が、内務官僚出身の帝国宰相・プロイセン首相T・v・ベートマン・ホルヴェークだった。「こういう雰囲気が、このところ大いに広まっている——ベートマン［・ホルヴェーク］は「持ち堪えられない」、というのも彼は、講和交渉に関してはロシアに、ポーランドの件に関してはエステルライヒに敗北してしまい、そして決断することができないからだと。実際そうであるように思われる。彼は全然「政治家［Staatsmann］」ではないのだ。憐れな奴。(小)モルトケが戦略家でないのと同じことだ」(II9: 508)。ヴェーバーの「官僚制」批判の背景には、自分のような傑出した人間に政治的任務がないのは「官僚制」化のせいだという個人的鬱憤もあった。「官僚制」支配に失望したヴェーバーは、傑出した軍人の指導力に期待したこともあった。彼が注目したのは、タンネンベルクの英雄P・v・ヒンデンブルク元帥である。「だがもし彼［ベートマン・ホルヴェーク］が辞任したら、そうしたら国民を統合できるのはヒンデンブルクだけだろう。そういうときに講和を締結できる人間を、私は彼以外に知らない。そして彼もまた「政治家」ではないのだ」(II9: 508)。また後述するように、ヴェーバーは戦後訪ねたE・ルーデンドルフに、彼こそがドイツの「ナンバーワン」だったと述べた。とはいえヴェ

図40　左からヒンデンブルク，ヴィルヘルム二世，ルーデンドルフ

ーバーが軍部の政治関与を歓迎していたというわけでもなく、一九一七年一二月になると、「軍の政治化」、「最高軍司令部の政治的党争への呼び込み」を問題視するようになる（I15: 397–400）。

官僚にも軍人にも期待できないヴェーバーは、やはり議員にドイツの政治指導を託したいと考えた。彼が理想とする議員とは、政治的配下の自由な献身を持続的に集められる、指導者気質のある人物である。ヴェーバーが魅力的な人物として暗示したのは、ポーランド人に対抗するドイツ人植民事業で名を上げたクルップ商会の番頭A・フーゲンベルクであり、彼が官界から財界に去ったことを慨嘆していた（もっともフーゲンベルクはヴァイマール共和国で議員となり、ヒトラー内閣の閣僚にもなる）。指導者気質のある人物が議会に選出されるためには、自由で平等な公選が必要であり、また議会を魅力的な活動の場とするべく、帝国宰相・プロイセン首相を帝国議会議員から選出できるよう憲法改正を行い、帝国議会に国政調査権を付与することが必要だと、ヴェーバーは考えたのである（I15: 234f., 480f.）。

君主の言論統制

ヴェーバーは指導者気質のない君主たちが国政に介入することを恐れ、その発言の統制を求めた。彼が模範としたのはイギリス王エドワード七世、ベルギー王レオポルド二世の「影響力の王制」であり、期待外れと感じたのはドイツ皇帝ヴィルヘルム二世、ロシア皇帝ニコライ二世の「大権の王制」である。ヴェーバーは「帝国枢密院」を新設し、皇帝のみならず連邦諸侯の発言を監視させることを提案している(I10: 408f./I15: 278–288, 472/II5: 201–205/II9: 623, 628f.)。

だがヴェーバーは、一般に君主の政治からの排除を考えていたわけではなく、必要なときには君主に適切な指導を期待するという二面的な態度を取った(II9: 346–348, 552)。『経済と社会』でも、ヴェーバーは君主制を「伝統的支配」のみならず「カリスマ的支配」の枠内でも論じ、官僚制と対置させている(I22-4: 219f., 340, 348, 466, 483, 497, 522, 585, 728, 756)。ヴェーバーも本心では、やはりフリードリヒ・バルバロッサのような偉大な君主の指導を待望していたのだろう。

3 ドイツの道義的糾弾への抗議

ヴィーンでの助走

一九一八年夏学期、戦争に伴う財産の減少で労働を余儀なくされたヴェーバーは、「実験」と称してヴィーン大学で四月から二〇年ぶりの授業に臨んでいた。L・M・ハルトマンの仲介で、一年前からヴィーン大学への招聘話があって、その助走としてこの「試行学期」に及んだのである。実はこの学期には、ハイデルベルク大学で社会学講義をする構想もあり、ゲッティンゲン大学法・国家学部内でもヴェーバー獲得の動きがあったが、ヴェーバーはヴィーンの話を優先した(II9: 722–724, 771f., 809–812/II10: 13f., 76)。ヴェーバーは一九一六年にこう記していた。「（昨日まで）天気が素晴らしく、私のヴィーンへの溢れるばかりの愛情が蘇った。ヴィーンはミュンヒェンに次いで、ドイツ語圏で最も美しい都市だ」（II9: 445）。ヴェーバーはシェーンブルン宮殿が「無性に好き」で、ドイツ皇帝ヴィルヘルム二世やベルリンの威勢のいい新建造物（大聖堂、帝国議会）への嫌悪感からか、ハプスブルク帝室やヴィーンの宮殿・公園に好感を懐くようになっていた。だがユーゲントシュティール（アール・ヌヴォー）の作品を集めた「分離派会館」への彼の評価は最低だった（II9: 184/III10: 168）。大学では、ヴェーバーは週二回の講義「経済と社会」および社会学演習を行った。聴衆の知的水準には満足だったが、定期的な授業は体調不良の身にはなお重荷だった。体力的に自信が持てなかったことから、結局彼はヴィーン大学への本就職を、ドイツ帝国での活動の必要性などを理由に挙げて断った。一九一八年秋には、ベルリン商科大学からの招聘（ベルリン大学正教授となったゾンバルトの後任）もあったが、ヴェーバーはそちらにも行かなかった（II10: 14f, 174, 179–183, 191, 252f./III7: 40）。

ヴィーンにいた一九一八年六月一三日、ヴェーバーはエステルライヒ将校団の「敵性煽動防衛講座」で講演「社会主義」を行っている。彼はボリシェヴィキ政権も東部戦線終結も一時的なものとし、プロレタリアの困窮解消が最優先課題だとも考えていなかった。彼は「窮乏化テーゼ」などマルクスの予言を疑い、プロレタリア独裁の必然性・必要性を否定した。「官僚制」

化を危惧するヴェーバーは、ツァーリズムや農村共同体が阻害してきた個人の自由を、今度は社会主義政権が阻害することになると予想した。なおヴェーバーは講義「経済と社会」にも「唯物史観の積極的批判」との副題を付け、マルクス主義への対抗意識を露わにしていた（II5: 597–633/III7: 40）。

ドイツ帝国の最期

　ヴェーバーのヴィーン滞在中、ソヴィエト政権とブレスト＝リトフスク講和条約を結んだ中欧列強は、西部大攻勢を試みていた。中欧列強は西欧列強を圧倒しようとしたが、アメリカが参戦し始めるなか、力尽きて退却を始めた。前線はなおドイツ国境外にあったが、その崩壊は目前に迫っていた。敗北が不可避になった段階で、ドイツ帝国は内政改革に踏み出した。帝国宰相バーデン大公子の帝国指導部は「一〇月改革」を断行し、一〇月二八日に帝国議会多数派諸政党の支持を背景に、議会主義化を推進する法律を成立させた。同時に帝国指導部は、「ウィルソンの十四箇条」に基づく講和交渉を同大統領に提案した。すでに一〇月二日、最高軍司令部は帝国議会各会派指導者に対し、もはや勝利の見込みがないことを告白し、講和交渉に向けての団結を要請していた。だがドイツ側の足元を見たアメリカ政府は、ドイツを不正国家扱いする高圧的態度で対応してきた。

　ハイデルベルクに戻ったヴェーバーは、講和交渉の噂に心中穏やかではなかった。彼は戦局が絶望的との噂に意気銷沈したが、なおドイツ帝国の全面崩壊を信じまいとした。従来の指導者ルーデンドルフが動転しても、「事態はまだそこまで悪くない」と、彼は考えた(II10: 252)。一〇月に入るとヴェーバーは、君主制維持のためにヴィルヘルム二世は自発的に退位するべきだと言い始める。皇帝にも「我々」にも戦争についての「道義的罪」はないが、皇帝が「深刻な政治的誤謬」を犯したことは明白で、それを認めれば皇帝も国民も尊厳を維持できるという(II10: 273)。「革命や共和制の実験に何かを期待するなど、ドイツでは理性的人間なら誰もしないでしょう。よって死活問題なのは、職務不能になったその担い手を切り捨てて、王朝の存在を維持することです――正直なところ権力喪失状態では、まずは摂政を置く必要があるでしょうが。肝心なのは、この一歩が王朝の将来に文字通り決定的に重要だということを、右派に属する人々が認識することです」(II10: 275f.)。だが現職者を切り捨てれば制度自体は救えるという見通しが、正しかったかどうかは怪しい。いまや敗戦ですっかり面目を失ったヴィルヘルム二世が、なおも祖国の頂点に立ち続けることに、ヴェーバー自身が我慢できなかったというのが本音だろう。ヴェーバーやナウマンと違い、プロイセン王を輔弼する枢密民政官房長C・v・デルブリュックは、ドイツの団結のためにも皇帝が勇気をもって留任するべきと考えていた(II10: 275)。また「デモクラシーの平和」を鼓吹するアメリカ政府は、「ドイツ人民の真の代表部」とは交渉するが、「ドイツの軍事的支配者や君主主義的専制者」は相手にしないと主張するようになる。もはや君主制自体が危うい事態になっていき、議会主義君主制の樹立で多少なりともましな講和条件に期待していた帝国指導部や最高軍司令部は色を失っていった。

ヴェーバーは、ウィルソンの道徳主義を批判しつつ、彼に英仏の自己中心主義を抑制する世界の「仲裁者」の役柄を期待した。アメリカが英仏に対して発言権を持つのは、強大なドイツ軍を前に英仏が米軍の助勢を必要とする場合のみであり、もしドイツ軍が解体されたら、英仏はもうアメリカに依存しなくなる、だからウィルソンはドイツ軍の解体を講和交渉の前提とするべきではないというのが、彼の論理である（I15: 642/II10: 277）。

ドイツ帝国は休戦を待たずに内部崩壊を始めた。ヴィルヘルムスハーフェンの水兵叛乱を皮切りに、各地の兵士、労働者が叛乱を起こし、次々に労兵評議会《レーテ》（ドイツ版ソヴィエト）が結成されていった。キール軍港での暴発が始まった一一月四日、ヴェーバーは進歩人民党ミュンヒェン支部に招聘されて講演「ドイツの政治的新秩序」を行い、革命運動に対抗すると同時に、バイエルン分離主義を牽制した。帝国第二の領邦であり、農業主体、カトリック主体の保守王国バイエルンは、戦争による統一主義、工業優先で不満を募らせ、敗戦を前に動揺していた。ヴェーバーはバイエルン王国の聴衆にドイツ人としての団結を訴えたのである。だがE・ミューザムらボルシェヴィスト、アナーキスト、復員学生らは、ヴェーバーの講演に盛んに野次を飛ばした（I16: 359–369/II10: 286–292）。

ヴェーバーの訴えも空しく、彼が離れた直後にミュンヒェンで革命が勃発する。ストライキに参加して収監されていたK・アイスナーは、釈放後の一一月七日にテレジエンヴィーゼで民衆集会を開き、夜半に「バイエルン自由国」政府を樹立した。この革命運動には、ミューザムなどヴェーバー講演の聴衆、ヴェーバーと対立する「倫理的文化」の唱道者F・W・フェルスター、『雑誌』の共同編集者ヤッフェが参画していた。革命は各地に波及し、一一月九日にはベルリンでP・シャイデマンが「共和国」樹立を、K・リープクネヒトが「社会主義共和国」樹立を宣言し、F・エーベルトを中心とする多数派社会民主党・独立社会民主党の「人民委員評議会」が発足した。一〇日にスパの大本営で革命勃発を知った皇帝ヴィルヘルム二世は、身の危険を感じてオランダ王国に亡命した。革命はさらに、ほかのドイツ語圏にも波及していった。ヴェーバーのいたバーデン大公国は、内発的な革命騒擾を有しなかったが、こうした全ドイツ的潮流には抗しえず、君主制断念を余儀なくされた。こうしたなか一一月一一日、ドイツ代表がコンピエーニュで休戦協定に調印した。

ヴェーバーは暴動が全ドイツに飛び火していく様に呆然とした。彼は「革命という名誉ある名称を名乗るに値しない血みどろのカーニヴァル」だと嘆息したという(II6: 91)。そもそも革命とは往々にして「血みどろのカーニヴァル」なのであって、英仏露の先行例もそうだったわけだが、それを理想化していたのか、彼は本物を目にして衝撃を受けたようである。彼はまた、進行中の事態を「暴徒支配」と、社会民主党員をSozzenと軽蔑的に呼び、掠奪や「将校の恥知らずな扱い」にも警戒した(II10: 295, 316, 318, 455)。一一月一二日、ヴェーバーはこう記している。「この恐ろしい屈辱も、古きドイツの忌々しい断末魔の苦しみも、いまはこれから何年も国内的に(そしておそらくまた多くの事柄で対外的に)苦しまなければならないことの、漠然たる予感としか感じない」(II10: 296f.)

教育による祖国再生

だがヴェーバーはひとまず気を取り直した。革命勃発後の一九一八年一一月一七日、彼は進歩人民党の集会で新国制について演説し、同党代表としてハイデルベルクの労兵評議会に参加する意思を表明した(I16: 91)。彼は前を向き、革命という現実のなかでの政治活動を模索しつつあった。

一一月二四日、ヴェーバーはアメリカ合衆国を模範としたドイツ人の一大教育構想を開陳した。このころヴェーバーは大統領制や議会制など、国制論議でも幾度となくアメリカを参考にしているが(I16: 67, 72, 120, 127 など)、対米傾倒が最も著しいのは、やはり精神構造に関わる領域だろう。ヴェーバーは、ドイツの「きわめて冷静な道徳的「分別」」を恢復するには、「アメリカのクラブ制度」しか方法がないという。それは一五年来の持論の繰り返しであって、同じことを彼は一年前にも表明していた。学生組合や予備役将校制度では「貴族主義的」教育にならないと慨嘆しつつ、ヴェーバーはこう述べている。「なるほど例えばそこで、しばしば疲弊するほどスポーツに邁進するというのは、「空しい」と思えるかもしれません。だがそれでも、アングロ＝サクソン圏のクラブが、最も鈍重なものであっても有効であるというのは、とりわけ以下のような理由によります。そこではしばしば非常に厳格な淘汰が行われますが、常にジェントルマンの平等という原則が厳格に支配しています。ところがドイツの学生組合では、先輩後輩の上下関係の風習が支配しており、それを官僚側が官庁での規律維持のための予備教育として高く評価しています。学生組合も官僚側から庇護されているので、これに取り入ろうと必死になるというわけです」。ヴェーバーは「アメリカのクラブ制度」の端緒が、自国では「ドイツ自由青年団」に現れていると見た。この「ドイツ自由青年団」に代表されるドイツ青年運動は、技術的・機械的文明に飽き足らない若者たちが制服や団旗を制定し、野営し、合唱し、心身を鍛錬するというものだった。ヴァンダーフォーゲル運動が、その典型例となっている。政党政治を忌避し、ナショナリズムを標榜する彼らは、やがて共和国末期には人種主義に傾斜していくことになる（III10: 318f./I15: 382-385）。

なおヴェーバーは新世代の芸術運動に警戒的だった。彼は神秘主義から「「表現主義」」に至るあらゆる種類の精神的麻酔剤を拒否するとし、「「即事性」」こそ真正さの唯一の手段である、「羞恥心」を持てと訴えている。「表現主義」は、外面を描写する印象主義に対して内面を表現すると称した、熱狂的・陶酔的な芸術運動である（III10: 319, 688）。「表現主義」の代表的作家であるE・トラーは、西部戦線で負傷し、ラウエンシュタイン文化会議のあとヴェーバー・クライスにも出入りしていた。バイエルン革命に参加したトラーは叛逆罪に問われたが、ヴェーバーは一九一九年七月一五日に弁護側証人として法廷に立っている。トラーにはアメリカ人にドイツ国内の飢餓状況を正しく伝えた功績がある、彼は「全くの信条倫理からだったにしろ、責任感のないまま」行動してしまったが、「純粋な性格」の人間だとして、ヴェーバーは彼を擁護したのだった。トラーは死刑を免れ、劇作家として活躍し、国民社会主義批判者だったためアメリカに亡命した(I16: 485-491)。

ヴェーバーはドイツの現状を世界史的視野で考察した。彼はドイツが、アイゴスポタモイ(対スパルタ)やカイロネイア(対マケドニア)で敗れたアテナイ、一八七一年のフランス(ドイツ諸国に敗北)よりも面目を喪失したという。しかし一六四八年(ヴェストファーレンの講和)や一八〇七年(ティルジットの講和)でのドイツの凋落が、やがて飛躍につながったことを想起して、今回もドイツが苦難の淵から飛躍するだろうと期待した。彼はドイツの「世界政治的役割」が終わったことを認め、「「アングロ＝サクソンの世界支配」」を嘆いたが、「アメリカの世界支配」は「古代では第二ポエニ戦争後のローマの世界支配と同様に」不可避だったとした。また「民衆去勢」(Volksentmannung: 民衆の脱「男」化)に長けたロシア帝国の脅威を除いたのはドイツの名誉だったが、それは差し当たり回避されたに過ぎないので、「ロシアによりアメリカの世界支配が分断されることのないように」するのが「私にとっては我々の将来の世界政策の目標だ」としたのである(II6: 184, 379/II10: 319f.)。

ドイツ戦争責任論の拒否

ヴェーバーは、バイエルン革命の指導者アイスナーが、ドイツの道義的責任を喧伝する西欧列強に積極的に同調していることに憤った。「私は戦争における他者の「罪」については沈黙してきました。また吐き気のするような道徳化にも加担しませんでした。どちらも同じように吐き気がしますよ。だから私はいまこう言うことができます。私が繰り返し目にするような、この罪悪感の焚き付けは、病気です。宗教の領域における鞭打苦行、性的な領域における自虐趣味[Masochismus]とまさしく同様にです。あなたはきっとそこから再び自由になると思います。過去二年間の政策は不埒なものではありました。しかしその理由は、それが戦争政策であったからではなく、それが軽率な政策だったから、嘘ばかりだったからです。我々の戦争前の政策は愚かでした。しかし倫理的に見て非難に値するというわけではありません。それは問題にならないし、この点は譲れないのです」(II10: 302)。国際社会のエリート・クラブに属するドイツと英米仏とが決闘を行い、今回はドイツが武運つたなく敗北したが、それは「罪」深いドイツが「罰」を受けたわけではないというのである。講演「職業としての政治」(一九一九年一月二八日)でも、彼は戦勝国が自分たちの勝利を、自分たちの「正しさ」の証明であるかのように喧伝するのを、騎士道精神に反すると批判している(I17: 231)。

ヴェーバーは「正義の政治のための研究会(ハイデルベルク連合)」に参加した。これは西欧戦勝国のドイツに対する道義的攻勢に備えて、バーデン大公子らが結成した理論武装団体で、一九一九年二月三・四日にヴェーバー邸で会合を開き、事務局は同年六月まで同所にあった。自分側の正当性をあくまで主張するというヴェーバーの戦闘的姿勢には、ハルムスやコッホとの訴訟でも見せた決闘精神が再び現れている。ヴェーバーは、ベルリンのプロイセン内務省に出頭し、また講和会議ドイツ代表U・v・ブロックドルフ＝ランツァウ伯爵の要請でパリの講和会議にも出向き、訪問してきたイギリス海軍軍人T・ギブソンとも対話して、祖国ドイツの防衛・弁明に尽力したが、国際政治の潮流を変えるには至らなかった(I16: 26f./III10: 476)。

自己犠牲の美学

ヴェーバーは、西欧戦勝国がドイツ帝国指導者の引渡しを求めたと聞き、ドイツに対する名誉毀損だと憤慨すると同時に、ルーデンドルフ、ティルピッツ、カペレ、ベートマン・ホルヴェークらが、ドイツの名誉のために自発的に出頭することに期待した。「彼らが敵に自分の意思で「首を差し出す」場合のみ、将校団はまた輝かしく復活できるのだ」(III10: 609)。ヴェーバーはパリに行く前に、とりわけルーデンドルフに書簡を送り、国内をまとめるためにまっさきにアメリカ軍の収容所に赴くことを求め、そのときに出す声明の内容まで指示していた。この礼儀正しいが命令口調の書簡に気分を害したのか、ルーデンドルフは短い拒絶の返事をしただけだった。ヴェーバーは帰国後、ルーデンドルフに面会を求めて説得を試みたが、本人の理解は得られなかった。ヴェーバーの訪問時には、二人の間で次のようなやり取りがあったという（なお最後の部分はヴェーバーの指導者民主主義論としても見逃せない）。

L（ルーデンドルフ）「どうしてあなたはヒンデンブルクのところへ行かないのですか？　彼はともかく元帥だったではありませんか？」

W（ヴェーバー）「ヒンデンブルクは七〇歳です。それにあなたが当時ドイツでナンバーワンだったことは、どんな子供でも知っていますよ」

L「おやおや！」

L「ほら、あなたは賞讃していた民主主義を遂に手にしたではありませんか！　あなたやフランクフルト新聞のせいですよ！　一体何がよくなったというのですか？」

W「いま我々が目にするこの糞馬鹿馬鹿しい状況を、私が民主主義と呼ぶとでも思っているのですか？」

L「そういう物言いをされるなら、おそらく我々の間での意思疎通は可能でしょう」

W「でも以前の糞馬鹿馬鹿しい状況も君主制なんて言えませんよ」

L「それならあなたの言う民主主義とは何ですか？」

W「民主主義においては、民衆が自分の信頼する指導者を選ぶのです。そして選ばれた者がいうのです。「さあ口をつぐめ。そして言う通りにしろ」民衆および政党はもはや彼に口を挟むことは許されません」

L「そんな「民主主義」なら私としても好きになれるのだが！」

W「もし指導者が過ちを犯したら、のちに民衆が彼を絞首台に送ることができるのです！」

ヴェーバーのルーデンドルフへの敬意とは裏腹に、ルーデンドルフにとってヴェーバーは「祖国の裏切者」でしかなく、およそ眼中になかった(II6: 545-553/II10: 605-610)。

ルーデンドルフの態度に失望したヴェーバーは、スコットランドのスカパ湾に抑留されていたドイツ艦船を、敵国の手に渡すまいと強引に自沈させたドイツ海軍将兵の勇敢な行動に熱狂した(II10: 662f., 666)。

領土割譲への憤慨

一九一九年六月下旬、ドイツでは講和条約締結の是非を巡って議論が沸騰していた。西欧戦勝国の示す厳しい講和条件に、シャイデマン内閣は一九一九年六月二〇日に総辞職し、翌日バウアーを首相とする新内閣が誕生した。ヴェーバーも六月一九日に困惑して妻に述べている。「私は正直に言って、政治的に全くどうしていいか分からない。個人的には、どんな危険を冒してでも調印拒否なのだが」(II10: 653)。結局ドイツはこの講和条件を甘受し、六月二八日にヴェルサイユ講和条約が調印された。「この講和で、我々はまだ悲劇の始まりに立っているだけなのではないかと思う。というのもこの講和はもう全く履行不能で、フランスはここでいよいよ我々を虐め、嫌がらせをし、ラインラントを分断するなど、いろいろ始めるだろうから。これが「終りなき恐怖」になるのではないかと思う。我々はそれこそ帝国の(部分的)占領や解体を食らうだろう」(II10: 665f.)

ヴェーバーが何より憤慨したのが領土割譲である。エルザス＝ロートリンゲンに関しては、そのフランスへの移管を嘆きつつも、その事実を認容している(II6: 72/II10: 304)。だが同じくフランスが併合を目論んだ石炭・鉄鋼業地帯のザール地方に関しては、割譲に拒絶反応を示した。ハイデルベルク大学での抗議集会では、ヴェーバーがH・オンケンと並んで登壇した。経済的側面を論じたヴェーバーは、ザール地方のドイツとの経済的一体性を主張したが、肝心なのは経済よりも「心情」だと訴えている(I16: 233–242)。分邦バイエルンのドイツ全体国家からの離脱についても、彼は警戒を緩めなかった(II10: 304)。北シュレスヴィヒ、オイペン＝マルメディ、海外植民地に関しては、特に言及がない。ヴェーバーが最も抵抗したのはドイツ東部の割譲だった。「もしいま、ポーランド人がダンツィヒやトルンに、あるいはチェスコ人がライヒェンベルクに進駐するなら、まずはドイツのイレデンタが涵養されなければならないでしょう。私はそれを遺りません。私自身は健康状態からして〈戦争で〉使い物になりませんから。でもあらゆるナショナリストはそれをしなければなりませんし、特に学生はそうです。イレデンタとは、革命的暴力手段を備えたナショナリズムのことです。おそらくそう言ったほうが、あなたは「戦争」と言うよりずっと好感が持てるのではないですか。しかしそれは同じことであり、もちろん私もそういう意味で言ったのです。公の場でも私はそう言うでしょう」(III10: 301f.)

4　国民国家再建のための共和国制構想

ヴァイマール共和国の設計

ヴァイマール共和国は進化したドイツ国民国家だった。「権威主義的国民国家」だったドイツ帝国が、社会的不平等という その「内部矛盾」ゆえに崩壊し、「世界で最も民主的な民主主義国」たるヴァイマール共和国が誕生し、「黄金の二〇年代」の大衆文化が花開いたが、悪逆非道な「ナチス」が保守派と結託してこれを踏みにじり、「第三帝国」の悲劇が始まったという、黒から白へ、白から黒へという歴史観は一面的である。ドイツ帝国もイギリスも民主主義を国是とする国家ではなかったが、ドイツにはイギリスにあった議院内閣制がなかった一方、帝国議会はイギリス議会より民主的な選挙法を有し、公選制・一院制のためイギリス議会のような貴族院がなかった。ヴァイマール共和国は従来から始まっていたドイツの民主化を一層進めただけではなく、海外保護領を断念し、少数民族との混住地域を割譲し、領邦君主制の制約を捨てた結果、これまでになくドイツ国民国家としての性格が強まった。ドイツ「国民」(Nation)＝ドイツ「民族」(Volk)＝ドイツ「民衆」(Volk)をヴェルサイユ体制から解放したいという願いは、A・ヒトラーやP・v・ヒンデンブルクからG・

シュトレーゼマンやW・ラーテナウを経てF・エーベルトやP・シャイデマンまで、共和国反対派・賛成派を問わず横溢していたのであり、その思いをなりふり構わず表現したのが、ヴァイマール共和国最後の内閣となった国民社会主義政権だった。その意味でヴァイマール共和国からヒトラー政権への変化は、天国から地獄への急降下ではなく、連続性と非連続性とを有するものだったのである。

M・ヴェーバーは新国制構想に参加した。人民委員評議会は、社会主義陣営だけでは政権を担えないと考え、革命後に新国制構想を披露していたヴェーバーに、ドイツ内務長官を任せるかどうかを検討していたが、実際に任命されたのはベルリン商科大学教授H・プロイスだった(I16: 4)。だが一二月九日から一二日まで、ヴェーバーはベルリンのドイツ内務省で、プロイスの主宰する新憲法起草会議に参加している(I16: 51f.)。この議論を基に、翌年二月二一日にドイツ内務大臣となったプロイスはヴァイマールの憲法制定国民議会に新憲法草案を提出したのだった。

共和制支持への転換

ヴェーバーの大前提は社会主義革命の拒否だった。彼は憲法制定国民議会選挙を粉砕しようと蜂起したスパルタクス団(のちドイツ共産党)に憤り、「リープクネヒトは気違い病院に、ローザ・ルクセンブルクは動物園にでもいればよい」と罵った。ただヴェーバーには、ボリシェヴィストであれ自己の信念に殉じるものには一定の敬意を払う面もあり、叛乱に失敗したリープクネヒトやルクセンブルクが虐殺されると、一転して二人に好意的になり、街頭の暴徒が彼らを虐殺したと非難した。また彼は、国家財政破綻を防ぐために「社会化」、つまり私有財産制への介入を必要だとしたが、外国資本から自立するためには「ブルジョワ」企業もいつになく必要だとも訴えた(II6: 440, 442f., 446, 461)。

革命後のヴェーバーはひとまず君主制維持を試みた。一九一八年一一月中旬、ハイデルベルク大学のK・ハンペ、H・オンケン、E・ゴートハインら同僚が、大学学長でもあるバーデン大公への忠誠表明をしようとした際には、ヴェーバーも協力を表明した。ただそれは「厳格な正統主義の立場」、つまり臣民としての君主への身分的忠誠心からではなく、バーデン国制の決定を自由な住民投票で決めるべきとの立場からであった。つまりヴェーバーは、一部革命家によって共和国制が押し付けられるのを拒否したのである(II10: 294f.)。

結局ヴェーバーも、一九一八年一一月一七日の進歩人民党ハイデルベルク集会では、共和制支持を公言するに至る。彼はなおもイギリスの「影響力の王制」こそ国家技術的に最も順応性がある最強の国制で、いかなる急進的民主化とも両立すると言い続け、また心情的にも君主制との離別が辛いことを告白した。にもかかわらず彼が君主制再興を断念したのは、結局実際に玉座にいた人々への不信感が強かったためである。このころヴェーバーは、弟アルフレートらが結党したドイツ民主党にも遅れて加入した。ヴェーバーは共和制支持を明言するドイツ民主党への入党を躊躇していたが、君主制断念を決意したことで、入党への心理的抵抗が解消したのだろう(I16: 14, 91-107, 370-373/II10: 305)。

君主制を諦めると、ヴェーバーは共和制には君主制にない独自のよさがあると言い始める。彼によると、従来は官憲国家の庇護に甘える「安逸」の精神が蔓延し、「無気力への意志」があったという(ニーチェ「権力への意志」のパロディー)。「共和国はこうした「安逸」に止めを刺した。神の恩寵に由来する歴史的正統性のなかでの社会的・物質的な特権や利益の庇護というのはお仕舞になったのだ」。つまりヴェーバーは、「市民層の封建化」が克服され、市民階級が政治的闘争心に目覚めることを期待したのだった(I16: 106f.)。

ドイツ民族自決の要求

ヴェーバーは「民族自決」という国際社会の新原則が、ドイツのような敗戦国にも公平に適用されることを求めた。「帝国主義的な夢想のはっきりとした抛棄、そして要するに純粋に自立主義的な民族性の理念[の信奉]。国際連盟の枠内で我々の独自性を存分に平和的に涵養するため、あらゆるドイツ地域を一つの独立国家へ統合するという自己決定」というのが、彼の掲げた目標である。彼はドイツ膨張運動の再燃には警告を発したが、それはドイツ側の一方的自己抑制ではなく、ドイツ人が公平に民族自決の権利を認められ、それを平和裡に行使できるという前提での話であった(I16: 109)。

ヴェーバーがドイツ人の民族自決問題に関して重視したのは、「ドイツ系エステルライヒ」

との一体化である。彼は以前からハプスブルク帝国のドイツ系住民の保護には無関心でいられなかった。「バデニ言語令」(一八九八年)の際には、ドイツ系プラーク大学(民族紛争激化で当時はチェスコ系プラハ大学と分立していた)の研究・教育が危機に瀕したとして、ヴェーバーは同大学支援の声明に署名している(I4: 899)。それでも当時のヴェーバーには独墺合邦など想定外だったが、敗戦による「ドイツ系エステルライヒ」誕生で、それはにわかに現実味を帯びてきた。ヴェーバーの「ドイツ系エステルライヒ」併合要求は、彼の「ドイツ国民」観にも根差している。彼の「ドイツ国民」論は、個々の人間の意志を加味した「文化国民」論で、それは「普遍的」価値に忠誠を誓った人々の集団でも、皇帝の封臣集団でもない。ドイツ語を基盤とするドイツ文化を共有し、それを基盤に「国民」を形成する意思がある人間集団である。ヴェーバーは、ドイツ文化を共有していても、それを基盤に国民を形成しようと思わないドイツ人(彼の理解ではバルト・ドイツ人、エルザス＝ロートリンゲンの住民、そしてシュヴァイツのドイツ人)は、「ドイツ国民」に入らないと考えた(I22-1: 168-190, 241-247)。だが当時の「ドイツ系エステルライヒ」の場合、住民がドイツ文化を共有し、党派を超えてドイツ全体国家への統合を要求しているのは明らかと見られていた。ザール地方の件と同じく、ここでもヴェーバーは「心情」が肝心だという。「ちなみにこれは我々には分かりきったことだが、エステルライヒとの統合は、ドイツ国に権力と団結とをもたらすわけではない。それどころか深刻な問題と重荷とをもたらすであろうし、そうであるに違いないのである。いずれにしてもエステルライヒとの統合は［ドイツの］外的な力を増大させるものではない。つまりそれは現実政治的な意味で必要なのではなく、純粋に心情政治的な意味で必要なのである」(I16: 110f.)

統一主義か連邦主義か

大ドイツ主義的国家統一に際し、ヴェーバーはエステルライヒの反プロイセン感情への対応として、「連邦主義」(Föderalismus) の配慮が必要だと考えていた。前述のように彼は、戦争末期にもバイエルン分離主義と対決しており、南ドイツ諸国の自意識とドイツ国民国家の一体性との調整を真剣に考えていた。国会をベルリンとヴィーンとで交互に、あるいは別な都市で開催することも無意味ではないという。そして憲法制定議会は、大プロイセン主義からの訣別を印象付けるために、フランクフルト、ニュルンベルク、ミュンヒェンのような町が選ばれなければならないと述べている。ドイツ「諸部族」(Stämme) の利益の均衡を図るために、新憲法ではこれまでのプロイセンの優越(ドイツ首長とプロイセン首長との同一化、連邦評議会におけるプロイセンの「覇権的」優先権など)が排除されるべきだと考えた。ただヴェーバーのプロイセン覇権抑制論は、「ドイツ系エステルライヒ」との一体化という大目標のための手段に過ぎず、プロイスらが要求していたプロイセン解体案(例えばライン地方の分離)には否定的であった(I16: 111, 117f.)。

ヴェーバーは、南ドイツ諸国への配慮としては連邦主義を求めたが、彼の基本姿勢は飽くまで「統一主義」(Unitarismus)だった。「我々はまず、可能な限り統一主義的な解決を擁護する」。これはヴェーバーが対外的危機のなかで、ドイツ国民国家の一体性に腐心したことを示している。ヴェーバーの統一主義志向は、少年期の作文「ドイツ史の経過一般」(一八七九年)の末尾で、一九世紀ドイツを念頭に「統一が力を与える」と述べたところに、すでに表れていた。また一九〇九年、ヴェーバーは帝国財政強化のため、プロイセン国有鉄道の帝国財政への移管を構想したが、その豊富な収益をプロイセン政府が離したがらないことを慨嘆していた(II1: 619/II6: 141f.)。敗戦後のヴェーバーは、折からの課題である「社会化」のためにも、統一した経済および政治機構が不可欠だとしている。だが統一主義には、社会民主党が同調したものの、バイエルンの反対があって、容易に貫徹できる状況ではなかった(II6: 57f., 111)。

ヴェーバーはドイツ帝国時代の「連邦評議会」(Bundesrat)を「分邦院」(Staatenhaus)にすることを考えていた。ドイツ帝国の連邦評議会は、連邦諸国政府の訓令通りに動く「代理人」の会議で、神聖ローマ帝国の帝国議会、ドイツ連邦の連邦議会(連邦集会)の系譜を引く。分邦院とは、直接選挙で選出され、自分自身の意志で行動する各邦代表の議員たちからなる会議で、アメリカ元老院(上院)、シュヴァイツ分邦議会(上院)の系譜を引く。ヴェーバーは分邦院構想を支持して、各邦政府が「分邦割拠主義」に走る、つまり自分勝手に行動するのを抑制できると考えたが、各邦政府の反発が予想されたので、結局は連邦評議会の継承が避けられないだろうと危惧していた。なおヴェーバーは、分邦院が強大化した場合は、人民投票制で掣肘することを考えていた(I16: 74, 120–127)。

切り札としての大統領制

ヴェーバーは直接公選大統領制を国家の中心に据えた。ヴェーバーはアメリカ合衆国のような直接公選の大統領か、シュヴァイツやフランスのような議会による間接選挙の大統領かという問いを立て、内務省会議ではすでに前者を支持していた(厳密には米大統領選挙は選挙人を介しての間接選挙だが、全米での選挙があり、議会を介さないので、ヴェーバーは直接公選制に分類していた)。さらに一九一九年二月にエーベルトが憲法制定国民議会から初代大統領に選出され、分邦院構想が頓挫したのを受けて、彼は統一主義的要素を強めようと、直接公選大統領に一層期待するようになった。また彼は、プロイセン首長とドイツ首長とが並び立つという新体制において、ドイツ首長は直接公選でなければプロイセン首長に対して権威を保てないと考えていた。なお彼は、大統領は人民発議や人民投票によって退陣させることができるものと考えていた(I16: 82, 88, 127–134, 214–224など)。

ヴェーバーは大統領直接公選に政治指導者の選抜をも期待した。政治家選抜の役割を帝国議会に期待していた彼が、革命後に大統領に期待するようになったのには、二つの理由があった。第一に、彼はドイツ国会が比例代表制を採用し、党「官僚制」に従属した人間が議員になることを予想したのである。彼自身が所属するドイツ民主党から敬遠され、一九一九年一月に憲法制定国民議会選挙に立候補できなかったことへの憤懣も反映しているだろう。第二に、彼は共和国の支柱である社会主義勢力に「官僚制」の影を見ていた。「支配社会学」にもにじみ出ているように、ヴェーバーの期待したのは選挙民の指導者としての議員であり、「コーカス民主制」における党機構指導者の下僕としてのそれではなかった。とはいえ彼が国会無用論に傾斜したわけではなく、連邦国家と議会主義との両立を考えたり、戦争中に要求していた国政調査権を引き続きドイツ国会の権限としても要求したりしている(I16: 77, 79, 81, 152-156, 221f./I23: 587など)。

婦人問題

なおヴェーバーは、大戦後の欧州各国で一斉導入された婦人参政権については言葉少なだった。彼は議員になれなかったが、妻マリアンネは同じドイツ民主党のバーデン国民議会議員に選出されていた。一九二〇年には、マリアンネは「ドイツ婦人団体連合」議長にも就任する。婦人解放論一本槍で快進撃の妻を横目に、夫マックスは苦しい胸中をこう告白した。「マリアンネが心から宜しくと言っていました。ご存知のように、彼女はバーデン国民議会に居て、そこで法律を作っているのです。そして彼女の作った法律のもとで、私が生きなければならないというわけです——これ以上にフェミニズム的なことはあり得ませんよ！　我が家では彼女だけが議員になって、男は誰もなっていないのですから！」人口の半分を占める女性の積極的参画は、ドイツ国民国家の強化にも重要だったはずだが、ヴェーバーにはそこまでの心の余裕はなかった(III10: 414f.)。

5 ミュンヒェンでの一瞬の輝き

バイエルンでの新生活

ヴェーバーのミュンヒェン講演「職業としての政治」は、一九一九年一月二八日に行われた。ヴェーバーは「自由学生団」の依頼により、すでに一九一七年一一月七日に講演「職業としての学問」を実施していた。だがヴェーバーは、講演「職業としての政治」の実施には消極的だった。ヴェーバーが引き受けなければアイスナーに依頼するという企画者I・ビルンバウムの一言で、ヴェーバーはようやく講演を引き受けたという。「職業としての政治」には、彼の政治的体験や社会学的思考の断片が、走馬灯のように登場してくる。フェルスターとの対抗上、ヴェーバーはこの講演では「教壇預言」を慎み、弁論家としての個性をそれほど前面に出していない(I17: 157-252)。

ともに歩んできたドイツ帝国が崩壊し、ドイツ政治に直接参画する契機も摑めなかったことで、ヴェーバーは政治への諦念を口にするようになっていた。ヴェルサイユ講和条約調印から一か月経ち、ヴァイマール共和国憲法制定を目前にした一九一九年八月三日、彼は書いている。「私は政治については何一つ書きたくない。一緒にやろうという勧誘を、私は全て断った」(II

10: 711)。同月二四日、長年の政治的盟友だったナウマン(ドイツ民主党党首)が死去して、ヴェーバーと現実政治との結節点が失われた(III10: 742f.)。それでも、ヴェーバーが政治に別れを告げることはあり得なかった。

ヴェーバーは一九一九年六月から、ミュンヒェン大学国家経済学部で常勤正教授(社会学・経済史・国民経済学担当)として教育を始めた(採用は四月一日付)。この教授職は引退したブレンターノの後任だった。一九一六年一〇月一日のブレンターノ退官後、バイエルン文部省は最有力候補だったヘルクナーに断わられ、紆余曲折を経てヴェーバーに白羽の矢を立てた。ヴェーバー側は受諾に当たり、この職が国民経済学だけでなく社会学をも担当するものであることに固執した。ヴェーバーの名前が挙がると、保守派、重工業界からも労農兵評議会からも批判の声も上がった。ヴェーバーは戦争末期以来、ボン大学から国家学・政治学正教授として、ベルリン商科大学からゾンバルトの後任として、そして新設のフランクフルト大学からも、それぞれ招聘をされていた。だがミュンヒェンは彼にとって、何よりも愛弟子エルゼ・ヤッフェがいる町であり、またもう一人の女性である「ユーディット」ことM・トーブラーとの交際が始まった思い出の地でもあった。ヴェーバーはなお不眠に悩んでいたが、それでも教授職を引き受けた。彼は一九一九年六月九日、バーデン文部省およびハイデルベルク大学にミュンヒェンへの転職を通知し、正式にハイデルベルク大学から退官した(III10: 13–18, 329, 334, 423–437, 472, 542, 633, 637)。

一九一九年夏学期の講義「社会学の最も一般的な範疇」を、ヴェーバーは六月二四日（トーブラーの誕生日）に開始した。彼は一九一九・二〇年冬学期には「普遍社会経済史概説」を講義したが、これは大講堂で五〇〇人の聴衆を集めたという（III10: 655, 824）。かつての経済学の弟子リーフマンは、恩師が傾斜していく「社会学」という新しい学問に違和感を表したが、師ヴェーバーは、社会学も個人の行動から出発する考察である、リーフマンの国家概念は古いなどとして、躍起になって反論した（III10: 946–954）。

ミュンヒェンに着いたヴェーバーの気分は高揚していた。アルフレートの一件以来封印してきたエルゼ・ヤッフェへの思いは、一九一六年一〇月二七日の再会で再び募り、一九一七・一八年にヴィーンと往復する際にも、ミュンヒェンで途中下車して彼女との時間を楽しんでいた。一九一九年には、彼はエルゼを「エルゼちゃん」、「神々の愛らしい子」、「魅惑的な「男爵令嬢」」、「美しきご主人様」などと呼ぶに至っていた。さらに曰く「私はいまやミュンヒェン人、バイエルン人であり、君の政府の官吏だ」（III10: 23–28, 469, 523, 528f., 640）。ヴェーバーはミュンヒェン南郊のヴォルフラーツハウゼンにある「鳥の巣館」に「黄金のエルゼ」を訪ねて、カトリックの聖体行列にも興味を示すゆとりを示した。ヴェーバーは祖国ドイツの凋落に打ちひしがれていた一九一九年、個人的にはこの上ない幸福感に満たされており、彼はこれを「「第二」の青春」と呼んだ（II10: 500, 652ff., 763）。パリ講和会議から帰国して、一九一九年六月中旬から

図41　鳥の巣館

ミュンヒェン大学前（ルートヴィヒ教会横のパンジオン・ガルテンハイム）に住み始めたヴェーバーは、ドイツが講和条約に調印せず大学が閉鎖となれば、ハイデルベルクに戻る気でもいた。だが条約は調印され、ヴェーバーは一九一九年秋にいったんハイデルベルクに戻り、九月二三日に送別会を済ませた。ヴェーバーはマリアンネと最終的にミュンヒェンに移り、一〇月にエドガール・ヤッフェ所有の住居を仮寓とし、一二月に英国庭園に近いシュヴァービング（Seestraße 3c）に居を構えた。これはイスラム教に改宗しオマール・アル・ラシッド・ベイを名乗ったF・アルントの未亡人で、作家ヘレーネ・ベーラウの邸宅の一角である。ヴェーバー・クライスを見守る「デルフォイの馭者像」も新居に移された。新たな交流のなかで、作家T・マンやO・シュペングラーとも出会った。五五歳を迎えたヴェーバーにとって、ミュンヒェンは後半生の大いなる活動の舞台になるかに見えた（II10: 642, 653, 755, 788, 793, 802, 811, 850, 905ff.）。

ただ問題だったのは、集合住宅たるベーラウ邸の構造だった。神経質なヴェーバーは、午後に一時間の静謐な時間を求めた。安藤英治のインタヴューによると、家人は正午から午後三時まで廊下を歩くことを禁じられたため、家主のヘレーネが自宅に入れず困っていたという。ヴエーバーは、ヘレーネの息子ヘルマンが自室でギターを弾いたと苦情を言い、彼のことを「非合理的で、病気で、怒りっぽい男」だと評していた(II10: 876, 890)。

一九二〇年一月に「アルコ事件」が勃発した。母方がユダヤ系の復員学生A・v・アルコ＝ヴァライ伯爵は、ミュンヒェン革命の立役者アイスナーを前年二月二一日に暗殺し、一九二〇年一月一六日に死刑判決を受けた。一七日に学長F・v・ミュラーを議長として開催されたミュンヒェン大学学生集会では、学長が法廷でのアルコを「男らしい」と称讃し、政府に赦免を求める決議を採択した。これに抗議する少数派の社会主義系学生は多数派に属する学生W・ヘメターに「ごろつき」と罵倒され、学長(議長)も多数派に調子を合わせたことにヴェーバーは憤った。アルコ擁護の声に押され、一八日にホフマン政権はアルコを終身刑に減刑した。ヴェーバーはアイスナーの批判者だったが、一月一九日の大講堂での講義「普遍社会経済史概説」の前に次の演説を行った――アルコが法廷で「騎士道精神に則り」、「男らしく」振舞ったことは喜ばしく、アイスナーがドイツの面汚しだとの考えにも同意するが、学生の示威行動で法廷の決断が覆るのは国家権威の敗北である、アルコの殉死によっ

図42　ヘレーネ・ベーラウ邸

て「革命」を僭称するカーニヴァルを封じ込めることができるはずだったのに、赦免になったためこれが不可能になった、少数派学生への侮辱は取り消されるべきであり、取り消さないなら「卑劣漢」である――。これを聞いた一部学生は騒ぎを起こした。ヘメターは二〇日の学長宛書簡で自分の発言を遺憾とし、それをヴェーバー経由で聞いた少数派学生も納得した。ヴェーバーは一月二一日午後六時、彼が講義を始める前に、ヘメターに対する非難を撤回した。だが一部学生(授業未登録者を含む)は、「うるさい音楽だの雑音だののコンサート」で妨害した。学長ミュラーが現場に駆け付け、授業は打ち切られた。学生たちがヴェーバーを政治目的に講義を濫用したと大学評議会に訴え、バイエルン文部省も事態を問題視したため、ヴェーバーは一月二九日の大学評議会臨時会議で弁明を余儀なくされた。このとき評議員には、かつてヴェーバーを診察した精神科医クレペリンや、ヴェーバーの友人ロッツもいた。ヴェーバーは、自分の意図が「ごろつき」発言を撤回させることにあったとし、社会主義であれカトリックであれ何であれ、少数派に関しては、自分はいつもこう行動してきたのだと主張した。ヴェーバー退出後も大学評議会は審議を続け、一方で一部学生が講義を妨害したことを非難し、他方で政治的討議が、特に侮辱的攻撃の形態で教室に持ち込まれることを問題とし、ヴェーバーが学長の職務に干渉したと非難した(I13: 46–48, 710–722/I16: 268–278/II10: 893ff.)。

一九二〇年三月一三日に勃発したカップ＝リュトヴィッツ一揆は、ヴェーバーを憂慮させた。

義勇軍解散要求への反発から蹶起したW・v・リュトヴィッツや、祖国党の創設者W・カップらの権力奪取計画は、大統領エーベルト、宰相バウアーらをベルリンからシュトゥットガルトまで逃避せしめたが、政府支持派のゼネストによって頓挫し、国防軍の大半も参加を見合わせたので、首謀者たちの亡命をもって幕を閉じた。ヴェーバーは、この事件がドイツ国家の一体性を動揺させるのではないか、フランスの介入を招くのではないかと恐れ、また彼が「犬」と呼び捨てた一揆首謀者に、ルーデンドルフの名前も挙がっていたことを嘆いた。ヴェーバーは「正義の政治のための研究会」を通じて、一方でカップ政権に抗議し、他方で先延ばしになっていた大統領の直接公選を議会内腐敗への対抗策として要求する声明を出そうとしたが、叛乱の終息で実行に至らなかった(II10: 956–958, 983)。

一九二〇年四月、ヴェーバーはバイエルン分離主義と再び対決した。一九一九年一〇月一四日の母ヘレーネの急死、翌年四月七日の末妹リリの自殺と、立て続けに家庭内の不幸に見舞われたヴェーバーは、リリの遺児に対応するべくハイデルベルクを訪ね、ミュンヒェンに帰還したところで、以下の風評に接した。西欧戦勝国がドイツ各地域の義勇軍の解散を要求し、これに対する反発から、分邦バイエルンでドイツ国家からの離脱構想が勢いを得、バイエルン首相G・リッター・フォン・カールも一時的離脱に支持を表明したというのである。カールは公式にそうした風評を否定したが、全ドイツの団結を当然と考えていたヴェーバーは、この事件を契機にバイエルン分離主義の抑え込みを企てた。ヴェーバーは、カール首相に離脱論否定を明言させると同時に、カールが分離主義的発言をしたとの風評を流した人物を「卑劣漢」と挑発することで、自分に対する名誉毀損の訴訟を提起させ、以ってこの事件の全容を法廷の場で解明しようと、一九二〇年四月一三日付の声明を新聞で発表することを目論んだのである。しかしカール首相が再び、分離運動に距離を置く宣言を自分からしたために、この計画は実行されなかった(I16: 279–282/II10: 814, 970, 983, 1014f.)。

一九二〇年四月半ば、ヴェーバーはさらに「社会化委員会」への加入を要請されたのを契機に、ドイツ民主党から(あるいは党理事会から)の脱退を宣言した。クララ宛書簡で曰く「ドイツ民主党(参事会員ペーターゼン、なかなかの奴だ)が私に、私がいま「無意味」だと思っている「社会化」について一緒に尽力するよう同意を求めてきたので、私は党を離脱してやった。政治家は妥協をしなければならない(ルーデンドルフだって目下のところはそれをしなければなるまい)——だが学者がそれを考慮することは許されない。君たちもまたかのごろつきから離れて——「君らがあの連中のなかにいるのは残念だね」——彼らをよく見てみなさい」。なおE・レーデラーに対しては、彼は健康状態を辞退の理由に挙げている(II10: 983–989, 1082)。ちなみにこのころ、ヴェーバーが「政治家」(Politiker)と「学者」(Gelehrte)との相違に固執していたことは興味深い。政治家は妥協するのが義務だが、学者はそれに一線を画するものだというヴェーバーが、政治への情熱にもかかわらず、政治的学者の域に留まったのは、彼の性分もあってのことだったのだろう。これもまた、「責任倫理」と「信条倫理」とのせめぎあいである(II10: 986)。

「社会化」をめぐるドイツ民主党との悶着のなかで、ヴェーバーが共和国でのユダヤ人の台頭に苦言を呈している。ヴェーバーはヒンデンブルクやルーデンドルフに査問する国会の戦争責任問題調査委員会の構成員に、「「ユダヤ人」」とされる「平和主義者である諸氏」(元ユダヤ教徒のプロテスタントだったG・ゴートハインか)が選ばれたのを批判した。この種の異議申立(例えばH・ジンツハイマーに対して)を、ヴェーバーは前年にもしていたが、マリアンネが関係書類を破棄したという。ヴェーバーの苦言は、調査委員会への反ユダヤ主義的攻撃を防ぐための予防措置で、彼自身もユダヤ人の親戚(スーシェ家と縁戚のメンデルスゾーン家)がおり、将校たちから「ユダヤ人」だとの疑いをかけられたと言うが、彼自身にも平和主義者への違和感があったらしく、「私は疑いなく「反ユダヤ主義者」だと思う」と述べている(I16: 568f./II10: 986f.)。

最後の日々

一九二〇年五月にはミュンヒェン大学で夏学期が始まったが、ヴェーバーの教育内容はますます時事問題に傾斜していた。彼は一一日に二二五番教室で「一般国家学および政治学(国家社会学)」の講義(月火木金曜四−五時)を始め、一二日に同教室で「社会主義(入門講義)」(月水曜六−七時)を始めた。前者は受講生の記録が残っているが、支配社会学の展開で「カリスマ的支配」論に熱が入り、「同様にカリスマ的資質による従者の淘汰。天才の支配（ナポレオンの）「立ちて我に続け。我は汝を人釣り漁師にせん」」と述べていたことが窺える（引用はマルコ福音書第一章にあるイエスのペトロへの言葉）。またヴェーバーは許可された上級者だけの特別演習を開催していた（W・シュティヒヴェー、C・シュミット（当時ミュンヒェン商科大学講師）によると、ヴェーバーはこの学期の毎週土曜にミュンヒェン・レーテ革命を論題とする「講師演習」を持ち、この二人など許可された人々が加わっていたと言うが、この特別演習がそれだと思われる）。面談時間は月火木曜の一一時から「国家経済学研究室」で設けていた（II10: 1008/III7: 41, 64, 93 など）。

やがて不吉な前兆が見え始める。ヴェーバーは一九二〇年四月にリリが自殺した直後、心理的衝撃から「全く具合が悪い」と述べ、新学期の授業準備に没頭するなかで、睡眠薬ニルヴァノルも用いつつ休んでいた（III10: 1015, 1032）。五月に学期が始まると、国家社会学講義に約六百人、社会主義講義に約四百人が集まり、当時のマイクなしの授業にヴェーバーは肉体的疲労を訴えていた（II10: 1078）。精神的貴族主義のヴェーバーは、かねがね大教室での講義を「民主主義」的と呼んで嫌っており（I17: 79）、H・プレスナーによると、授業前に「すでに諸君の数が犯罪だ」と嘆いていたという。五月三〇日（月曜日）、ヴェーバーはモール社のジーベックに、『宗教社会学論集』第一巻の校正刷を読み終わったことを伝えたが、確認された範囲ではこれが最後の書簡となった（II10: 1102）。

別れは急にやってきた。マリアンネによると、ヴェーバーは五月末に声がかすれ始め、六月三日(木曜日)は聖体祭で大学が休みだったが、夕方ヴェーバーは悪寒を感じ、翌日高熱を発した。医師は気管支炎だが大事なしと診断したが、ヴェーバーは熱が下がっても六月六日(日曜日)のドイツ国会議員・バイエルン自由国議会議員選挙に足を運ぶ気力を失っていた。六月七日(月曜日)、ミュンヒェン大学に休講掲示が出され、エルゼが到着した。この日ヴェーバーはエルゼに、『宗教社会学論集』の第一巻を母に、第二巻を妻に捧げて驚かすと語った(最終的には、第一巻がマリアンネに、第二巻がM・トーブラーに、第三巻が「エルゼ・ヤッフェ＝リヒトホーフェン」に献呈され、母には『経済と社会』が献呈された)。六月九日からヴェーバーの精神錯乱が始まり、翌日の往診の際は、ヴェーバーは「フィガロの結婚」のアリアを歌いながら医師を迎えた。やがて錯乱が激しくなり、各国語で話し出すようになった。六月一一日夜半に最初の発作が起きて、二人の看護婦が呼ばれ、注射や酸素補給などが行われた。六月一四日(月曜日)に二度目の発作が起き、夕刻の雷雨のなかで、ヴェーバーは息を引き取った。享年五六歳。葬儀は六月一七日にミュンヒェン東墓地で行われ、遺体は火葬にされた。夫妻の結婚を司式した従兄の牧師オットー・バウムガルテンが同席したが、妻マリアンネの意志で葬儀は無宗教で行われ、オットーの甥エドゥアルト・バウムガルテンによりR・タゴールの詩が朗読された(III10: 36–40)。ミュンヒェン大学の史料によると、他にも学長ミュラー、国家経済学部長M・エンドレス、前任者ブレンターノら大学関係者、ドイツ民主党関係者、弟アルフレートが参列し、聴講生J・v・カ

図43　マックスおよびマリアンネ・ヴェーバーの墓

プヘル男爵らが弔辞を読んだという。安藤英治が入手した文面によると、カプヘルはヴェーバーを何度も「指導者」(Führer)と呼び、道標を失った絶望感を語っている。ミュンヒェン大学の後任には、グラーツ出身のブレスラウ大学正教授・バーデン大公国枢密顧問官・法学博士O・ツヴィーディネク＝ズューデンホルストが就任した。

ヴェーバーはいま、G・G・ゲルヴィヌス、イェリネック夫妻、G・アンシュッツ、W・フルトヴェングラーなど、知識人や芸術家が多く眠るハイデルベルクの「山上墓地」で、妻マリアンネや彼女が養子にしたリリの子供たちと眠っている。キリスト教色のない古典古代風の墓碑には、正面に夫妻の名前および生歿年が、右横には「彼のような人物は決して見つからない」、左横には「不滅でないものは全て寓話にすぎない」(ゲーテ『ファウスト』)という言葉が刻まれている。

終章　マックス・ヴェーバーとアドルフ・ヒトラー

M・ヴェーバーは「鉄の歯」を持った男だった。これはソヴィエト連邦の第一副首相・外相A・A・グロムイコが、共産党政治局員M・C・ゴルバチョフを党書記長に推薦する際に用いた表現だという。グロムイコの真意はどうあれ、強烈な主体性をもって何事でも自己貫徹をしようとしたヴェーバーには、この表現が相応しい。

さてそうだとすると、W・J・モムゼンの問題提起が再び浮上してくる。モムゼンは『マックス・ヴェーバーとドイツ政治』(一九五九年初版)で、国民社会主義の対極にある古き良きドイツの象徴とされていたヴェーバーに、国民社会主義につながる要素があることを指摘した。モムゼンは、ヴェーバーがドイツ官憲国家のあくなき批判者、社会主義者にも理解のある自由主義の論客だったことは高く評価したが、彼の倫理の縛りのない権力主義的政治観については問題だったと考えていた。少し遅れてE・ノルテも『その時代におけるファシズム』(一九六三年初版)で、ヴェーバーの『国民国家と経済政策』の文言は、ヒトラーの『我が闘争』にあっても不思議のないものだと述べている。ノルテは、国民社会主義の思想的先駆として、マルクス、ニーチェと並んでヴェーバーをも挙げたのである。

本書はその結びに代えて、かつてモムゼンやノルテが提起した「ヴェーバーとヒトラー」という問題設定に回帰しようと思う。ヴェーバーと国民社会主義との関係性を検討する際に、「ヴェーバーとゾーム」、「ヴェーバーとシュミット」といった課題設定では隔靴掻痒だろう。

ここでは、ヒトラーの『我が闘争』、『第二の書』、『卓上語録』を参照した上で、両者の共通点、相違点について考えてみたい。

第一の論点は、闘争的政治観である。政治の本質に共生を見るか闘争を見るかは政治思想の分水嶺となるが、二人はともに政治の本質を「闘争」と見て、そこから目を背けることを甘えとして退けた。ヴェーバーもヒトラーも、社会ダーウィニズムに依拠し、低俗で無能な者が高貴で有能な者を押しのけて跋扈するという現象を警戒し、低レベルの外来者の排除を要求していた。ヴェーバーもヒトラーも、自己保存を当然の権利および義務と考え、人間を委縮させるキリスト教倫理に違和感を示した。

第二の論点は、ドイツ・ナショナリズムである。二人はともに、ドイツ人、ドイツ国民というものを守るべき主体だと考え、人々がその維持・発展に観照的態度を決め込むことを戒めた。ヴェーバーもヒトラーも、「国民」の名において、その時々の支配的な人々への「下からの」反抗を呼び掛けた。ただヴェーバーは、自ら乱暴な言葉遣いを厭わないながらも、急進的ナショナリズムは品位に欠けるという発想も繰り返し表明していた。これに対しヒトラーは、状況がより緊迫していたため、乱暴さを宣伝材料にしていたという印象もある。

第三の論点は、国家を担う強靭な個人への期待である。自立した個人なら国家権力に反抗するのが当たり前という先入観は、歴史の実態に合わない。ヒトラーは一般に個人の抑圧者という印象があるが、それでいて彼は人々が個人として自覚し、各々の生産能力を最高度に導くことを求めていた。二人はともに自己決定に拘り、換言すれば我儘な性格で、人生の岐路で父親に反抗し、知的な女性に両義的な態度を取った。ヒトラーが、女性に母性を求めつつ、バイエルン王ルートヴィヒ一世の愛妾L・モンテスを単なるストリッパーと見ることを戒め、権力に追従しない知的な女性だと評価していたことも看過できない。ヴェーバーもヒトラーも、軍隊に憧れがあり、国民が体育で身体の鍛錬を積むことを重視した。そして驚かされるのは、ヴェーバーがルーデンドルフに語った指導者民主主義論と、ヒトラーの「ゲルマン的民主主義」論との驚くべき酷似である。無責任体制を脱却し、自分たちが選んだ指導者に黙って敢然と従うという政治的美学は、人間の主体性に対する信仰の産物なのである。ヴェーバーの場合は、過ちを犯した指導者を人民が絞首台に送ることができるというが、いったん口をつぐんだ人民にそれができるのかは明らかではない。

第四の論点は、新興の労働者層にドイツ国民国家の将来的基盤を見た点である。産業革命で労働者層が増大し、社会主義政党がその代表を自称して台頭するなかで、この層をどう国民国家の戦力にするかは二人の共通した問題事だった。ヴェーバーもヒトラーも、社会政策を国民国家発展の前提と考えた。ヒトラーは、社会問題を単なる金銭問題とは考えず、資本家にも労働者にも民族共同体の一員としての公共心を等しく持たせるべきだと考え、歓喜力行団のような労働者への福祉提供を試みた。

第五の論点は、カトリック勢力への批判的姿勢である。ヴェーバーはそれを中世以来ドイツの敵、人類の文化的発展の敵と見て、その価値を専ら美術的側面に見出した。ヒトラーもローマ教皇が「ドイツ皇帝」(中世・近世のローマ皇帝)を悩ませたことを指摘し、エステルライヒのカトリック勢力をハプスブルク家、スラヴ勢力と結び付いた反ドイツ勢力と見ていた。ヒトラーは「帝国政教条約」(一九三三年)について、各邦君主制消滅や帝国への権力集中の帰結として各邦政教条約を引き継いだだけで、情勢が許せばいずれヴァティカンとの外交関係を断絶し、教会税も廃止するとの方針を示していた。ただ芸術家志望だったヒトラーは、ヴェーバーと同じく建築としての大聖堂には興味があったという。

第六の論点は、西欧に世界の文化的中心を見て、ドイツは西欧とともにあると考えていた点である。ヴェーバーは西欧派ドイツ・ナショナリストで、西欧、とりわけ英米に多くを学びつつ、英米に対しても恥じることのない世界大国ドイツの建設を目指した。ヒトラーも議会主義民主制を否定しながら、その母国イギリスを高く評価し、英独連繫に固執していた。二人にとって勃発した独英戦争は不本意だったが、その意義はドイツが対等な大国になったことをイギリスに認識させる点にあった。ヒトラーは一九四〇年に「ドイツ文字」を廃止し、ドイツ語も「ラテン文字」で表記させることにして、戦後ドイツに引き継がれたが、これはドイツ語が欧州共通語になることを見越しての措置だという。その一方で二人は、ロシアは「アジア的野蛮」の体現者だという見解を共有していた。

第七の論点は、統一主義を基本方針とした点である。連邦制の克服はドイツにとって国力結集のための重要な論点であった。ヴェーバーは少年期から統一主義を信奉し、その延長線上で直接公選大統領制などを提案した。但しバイエルン分離主義の脅威を痛感し、またミュンヒェンやヴィーンを愛したヴェーバーは、ベルリンから全ドイツを、特にバイエルンやエステルライヒを統治することは無理と考え、共和国制論では連邦主義的配慮、なかでも大プロイセン主義の再考を訴えていた。ヒトラーは「同質化」を標榜して、分邦などの代表機関だった「帝国評議会」を廃止し、ベルリンから「帝国総監」を派遣した。ヒトラーはエステルライヒ出身だが、エステルライヒという地方の解体も厭わなかった。

第八の論点は、前衛芸術に対する態度である。ヴィーンの都市景観を称揚しつつも、ユーゲントシュティールを嫌い、ドイツ青年運動に期待して表現主義を批判するというヴェーバーの姿勢は、「黄金の二〇年代」で隆盛を迎えた「対抗文化」に疑問を呈し、これを「退嬰芸術」と忌避したヒトラーらにも一脈通じるものがある。ただヴェーバーは、M・クリンガーの理解者でもあったので、前衛芸術批判は一貫したものではなく、ミュンヒェン革命におけるトラーのこともかばった。

以上のように、思想内容ではヴェーバーとヒトラーとの間には重複も相違もあるが、もちろん基本条件の相違も見逃せない。ヴェーバーは首都ベルリンの知的・経済的上層の家庭で育ち、大学教授、予備役将校になり、早期引退しても貧困に陥ることもなく、日常の勤務もなく知的活動に没頭し、毎年のように外国旅行をして美を堪能し、常に上層「市民」(Bürger)の目線で政治を考察し、それでいて厳しい政治の現実には触れぬまま世を去った。ヒトラーはエステルライヒの地方都市で下級官吏の子に生まれたが、社会的上昇に失敗し、貧しく不安定な生活のなかで美を堪能し、一兵卒として前線で戦い、常に「大衆」(Volk)の只中に身を置いて「市民」を嫌悪し、周縁から政治運動を起した。二人の出自の違いを反映して、ヴェーバーはまずは議会を改革して指導者選抜の場に変えようとし、指導者民主主義にも一定の制約を設け、議会を存置しようとしたが、ヒトラーは当初から議会に疑問を懐き、自分の政権下では国歌を合唱するだけの翼賛機関にした。ヴェーバーは人種論に傾斜しながら、黒人やユダヤ人でも知識人となるときわめて同情的で、また社会学研究の過程で自然科学に由来する道徳破壊の傾向にも警戒的になっていったが、ヒトラーは人種論を不動の鉄則として信奉し、政策にも移し、大戦争・大虐殺を招いた。その結果、ヴェーバーはドイツの知的文化を代表する人物と見られ、ヒトラーは「ドイツ」の名に永遠に消えない汚点を残した人物だと評価されている。

ちなみに二人の共通部分の背景にある共通基盤とは何なのか——それはやはり主体性の希求

を通じた「闘争」の志向だろう。従来は、主体性（近代的自我）とは抑圧と侵略とに抗する砦であり、その涵養が戦後（＝第二次世界大戦後）日独の政治課題である、ヴェーバーはその生ける模範であり、思想的導き手であるというのが通説だった。けれどもそれは、戦後という特定の権力状況を前提として政治を理解したものである。主体性論の旗手と仰がれる丸山真男が、「超国家主義の論理と心理」で、ニュルンベルク裁判で居直ったH・ゲーリングを、戦勝国の糾弾にうろたえる日本人にとっての模範のように論じたのは示唆的である。丸山ら戦争世代は、総力戦体制がある意味では主体性の発露だったことを、戦争直後にはまだ覚えていたのだろう。主体的な人間は他者との対決を厭わず、また自分が帰属意識を有する集団にも主体性を求めることがあって、それが行き着けば排除にも戦争にもなる。

もしヴェーバーが弟アルフレート、妻マリアンネ、ゼーリング、ゾンバルトらと同じく長命であったなら、国民社会主義政権に反対したかどうかは分からない。なるほどヴェーバーは、ゾンバルト（解散前最後の社会政策学会理事長）のように「ドイツ的社会主義」を掲げ、ユダヤ人への闘争を訴えるようなことはなかっただろうし、むしろユダヤ人知識人への迫害などには抗議しただろう。ちなみにヴェーバーのユダヤ系の弟子のうちM・オッフェンバッハーは収容所移送を前に自殺し、R・リーフマンも追放されて不慮の死を遂げた。だがヴェーバーは、ドイツ化していない東方ユダヤ人の流入には危惧を懐いたかもしれない。イエスやナポレオンにカリスマ的指導者を見たヴェーバーが、ヒトラーにドイツ国民国家の刷新を期待した可能性もある。またヴェーバーは、孤立した無謀な世界大戦には反対しただろうが、第一次世界大戦の失地恢復やエステルライヒとの「再統一」には、多くの同胞と一緒に感激しただろう。もしドイツがイギリスと同盟しソヴィエト連邦と対決するというヒトラーの戦争構想が実現していたら、それにヴェーバーが反対したかどうかは分からない。

なおヒトラー政権下では、ヴェーバーが模範として扱われることもあった。C・クリンゲマンの研究によると、党創成期からのヒトラーの法律顧問で「ドイツ法アカデミー」総裁・ポーランド総督になったH・フランクは、ヴェーバーの官僚制論などを好んで援用し、ニュルンベルク裁判での自己弁明の際にも、「偉大な社会学者ヴェーバー」が革命や共和国の指導者にユダヤ人が多いことを嘆いた逸話を引いた。またE・バウムガルテンは自らNSDAP党員になり、自分やヴェーバーを国民社会主義体制にそぐわない自由主義知識人だと疑う政敵たちに抗して、ヴェーバーのナウマン「国民社会協会」への支援、熱烈なナショナリズム、ユダヤ人台頭への懸念、将校の侮辱への憤慨、信条倫理的な平和主義者の嫌悪などを力説したという。このうちユダヤ人台頭への懸念については熟考の余地があるが、ナショナリズム、将校の名誉の重視、平和主義批判についての指摘は本当だろう。

極端なエリート主義者だったヴェーバーが長生きした場合、戦後ドイツに好感を持てたかどうかも怪しい。確かにナウマンの弟子だったT・ホイスが連邦大統領になったこともあって、創成期の連邦共和国ではR・ケーニヒやJ・ヴィンケルマンらの世代が、ヴェーバーをドイツ・デモクラシーの祖と仰いでいた。ヴェーバーの西欧主義的なドイツ自己批判が、H＝U・ヴェーラーらの「ドイツ特有の道」批判を後押ししたのも事実である。とはいえ彼は、妻マリアンネが実際そうしたように、東方からのドイツ系住民の大量追放には憤慨しただろうし、ドイツ連邦共和国の西欧統合政策についても、東方の脅威への対応という点では同意しただろうが、ドイツ国家の主体性抛棄という点では難色を示したに違いない。外国からの移民・難民の大規模な受け入れも、社会ダーウィニストで閉じたクライスでの交流を好む彼には馴染めそうもない。戦後ドイツは、ヴェーバーにとっては生きにくい時代となったことだろう。

おわりに　ヴェーバー研究の伝記論的転回

「今野さんはあのヴェーバーを、誰か別の「ヴェーバー」と混同しているのではないか」――同室の院生仲間が、私の処女作『マックス・ヴェーバーとポーランド問題』（東京大学出版会、二〇〇三年）にこう感想を言ったことを思い出す。確かに「マックス・ヴェーバー」というのはありふれた名前で、同時代にも同名の父を始め、数限りない「マックス・ヴェーバー」がいた。ミュンヒェン地下鉄に「マックス・ヴェーバー広場」（Max-Weber-Platz）という駅があるが、もともとこれは一九〇五年に同姓同名の地元政治家にちなんで付けられた地名で、かの社会科学者をも合わせて記念するようになったのは、一九九八年以降のことである。またヴェーバーの義理の孫であるP・ヴェーバー＝シェーファー名誉教授（ボーフム大学）によると、ハイデルベルク「山上墓地」で門番に「マックス・ヴェーバーの墓」の場所を尋ねたところ、「機関車運転士のか、それとも日本人がよく行く奴か」と聞かれたという。私の描く疾風怒濤のヴェーバー像が、従来日本で披露されてきた高踏派の人物像とはかけ離れているので、別人と混同したのではという疑念が生じるのも無理はない。

私はヴェーバー研究の「伝記論的転回」を提唱している。大学に入学して、教科書売場で山積みにされた岩波文庫『プロテスタンティズムの倫理と資本主義の精神』を手に取ったのが、私のヴェーバーとの出会いである。当時の第一印象は、「プロテスタントの自画自讃」というものだった。この印象は、法社会学演習で『儒教と道教』を読むことで強まった。だがヴェーバーの著作は文庫本だけでも多い。私の学生時代には「マルクスとヴェーバー」という対置をよく目にしたが、マルクスが唯物史観に基づきプロレタリア革命を唱道したことは分かったものの、ヴェーバーが何を唱道した人なのかは分からなかった。幾つかの古典的作品に関する「専門家」の熱弁に触れても、思想の文脈が見えてこない。そこで私は、作品解釈に没頭する従来の研究手法を転倒させ、書簡などを用いて作品の背後にあるヴェーバーの生涯を整理することにした。というのも、思想とは結局のところ、状況に応じた対機説法にほかならないからである。それはちょうど、映画をそのメイキング映像と合わせて鑑賞するようなものである。思想研究と歴史研究との融合と言ってもよい。

ヴェーバーの伝記研究は、その妻マリアンネの遺作刊行・史料収集・伝記執筆に始まり、縁戚のW・J・モムゼンにより歴史学的に確立された。マリアンネの見事な宣伝戦略により、ヴェーバーは同時代の学界指導者だったシュモラーやハルナックを凌駕する知名度を得た。ヴェーバー研究者は、しばしばマリアンネへの対抗意識を燃やしつつも、釈迦の掌中の孫悟空のように、その影響から逃れられないでいる。ヴェーバー研究が彼を中心とする天動説のようになりがちなのは、「マリアンネの呪縛」というべきだろう。マリアンネが一貫して展開する知的権威主義、道徳的厳格主義、フェミニズムの世界も、知的な読み手には心地よい面があった。そうしたなかモムゼンは、初めて本格的に文書館史料を用いてマリアンネの叙述を補完・修正し、ヴェーバーの言動を戦後民主主義の価値基準により再検討した。社会学者、経済学者の間では、特に日本では、モムゼンのヴェーバー解釈への不満が渦巻いてきた。このためモムゼンとは異なる、冷静かつ真摯な「政治人ヴェーバー」像の構築が熱心に試みられたりしてきた。

確かに、「時代の子」だとしてヴェーバーを批判するモムゼンが、自分自身「戦後」という「時代の子」であることを自覚していないのは、今日から見ると甘い印象がある。そこで政治史家である私は、モムゼンの歴史学的手法を継承しつつ、その価値観を歴史的に相対化してきた。ヴェーバーの伝記研究者としては、他にも英語圏と関係の深い彼の家庭環境を描いたG・ロート、彼の著作一覧を作成したD・ケースラー、彼の生涯を心理面から見たJ・ラトカウ、彼のアメリカ旅行を分析したL・スカッフ、彼のブルシェンシャフトとの関係を論じたW＝D・ラインバッハ、彼の大学論を描いた野﨑敏郎、彼の精神疾患に取り組んだフロンマー夫妻などがいる。私も『マックス・ヴェーバー』(東京大学出版会、二〇〇七年)で「西欧派ドイツ・ナショナリスト」としての彼の人生を描いたが、今回その内容を精査・補充して本書にしたのである。また安藤英治が行ったヴェーバーの同時代人へのインタヴューは、二一世紀のドイツに里帰りし、『全集』などで活用された。なお妻マリアンネを研究したC・クリューガー、長弟アルフレートおよびエルゼ・ヤッフェを研究したE・デム、ゾンバルトを研究したF・レンガー、歴史学派経済学を研究した田村信一、竹林史郎なども、ヴェーバー伝記研究者の欠かせないパートナーである。

この伝記研究にとって不可欠なのが『マックス・ヴェーバー全集』である。それは一九七二年にドイツ連邦共和国(西ドイツ)で社会学者H・バイヤーによって構想され、ヴェーバー著作の編集に貢献した官僚J・ヴィンケルマン、歴史学者W・J・モムゼン、社会学者M・R・レプシウスらに声をかけて始まり、東西統一を経て歿後百周年の二〇二〇年六月に完結する予定である。この企画は、政治的次元ではドイツ民主共和国の『マルクス・エンゲルス全集』(MEGA)を意識していた(それゆえ当初はMWGAと呼ばれていた)が、学問的次元では西独内でマルクス主義に傾斜する学生運動やH・マルクーゼ、J・ハーバーマスらの「社会哲学」への実証史学的反抗を意図しており、バイエルン政府の承認のもと、ドイツ国民史学の総本山であるバイエルン学術アカデミーにより遂行された。その体系性・網羅性ゆえに、『全集』はドイツ語圏歴史学の金字塔の一つと言えようし、その成果を踏まえないヴェーバー研究はもはや考えられない。

とはいえこの『全集』編纂も完全無欠ではない。第一に編集方針には異論の余地がある。例えば少年期作文について、私はベルリンおよびミュンヒェンのヴェーバー関係文書のなかでそれを見つけ、当初『全集』には不掲載だと聞いたので、自力での日独両言語での発表を目指した。だが『全集』編集部が、やはりドイツ語原文を『全集』書簡篇の枠内で初刊行にしたいと言うので、私は手稿を解読して作成したドイツ語原稿を贈呈し、日本語訳のみ『少年期ヴェーバー　古代・中世史論』(岩波書店、二〇〇九年)として刊行したのである。ところが『全集』第二部第一巻では、一部の少年期作文、つまり本人の署名や装飾がある「シュタウフェン家」や「ローマ帝制期」、さらに「アルキビアデスについての寸描」が不掲載になっており、筆者への言及もない。第二に『全集』編集部がヴェーバー＝シェーファー家と契約を結び、バイエルン国立図書館所蔵の重要史料の優先的使用権を握っていたのも問題だった。『全集』編集部に属する研究者が、そこに属さない研究者による史料利用の可否を決定するというのは、自由競争の観点からは好ましくない。しかも『全集』編集が終了したあともなお、(元)『全集』編集部が史料に閲覧制限をかけ続けるということであるならば、これは研究の進展を妨げることになる。とはいえそうした問題点も、この『全集』の学術的価値を全体として損なうものではないだろう。なお私と『全集』編集部との対話の記録である Konno, Gespräch mit Edith Hanke もご参照いただきたい。

伝記論的転回により、私は人間の「主体性」(ドイツ語ではSouveränität とする)の追求こそ、ヴェーバーの人生を貫くテーマだったとの結論に達した。「主体性」にSouveränitätの語を当てたのは、安藤英治との会話におけるW・シュティヒヴェーがヴェーバーの授業スタイルを「全く主体的に」(völlig souverän)と表現したことに由来する。つまり「主体性」というのは、ヴェーバー自身のではなく分析者たる私の用語なのだが、私の造語ではない。もともと昭和前期に日本の西洋からの自立を促す意味で用いられ、戦後民主主義により個人の集団(特に国家)からの自立を促す意味に転用されたこの「主体性」概念を、ヴェーバー研究に導入したのは安藤英治である。ヴェーバーの一挙手一投足に感激した安藤は、マルクス主義色を帯びた歴史認識に立脚しつつ、「後進国ドイツ」の迷走する人々を、泰然自若たる「求道者」が叱責して、「主体性」(近代的自我)の確立を訴えたという論旨で、この言葉を多用した。本書は、こうした安藤のヴェーバー研究のオマージュであり、またパロディーでもある。私は、「主体性」にも「独立自尊」という面と「傍若無人」という面とがあると考えている。ヴェーバーの主体性を語るならば、彼の傑出した文章構成力、難題を次々とこなす集中力、自分が見込んだ弱者に示す義侠心、尽きることのない好奇心、学界・大学運営への熱心な提言、官僚精神への抵抗を描くと同時に、彼の際限ない辛辣な他者攻撃、自分および自分側(プロテスタンティズム・ドイツ・西洋など)中心の状況認識、読み手への配慮を欠く悪筆・長大な段落・難解な文体、社会ダーウィニズムへの傾倒、カリスマ的政治指導の夢想、自分の説いた道徳を貫けず自縄自縛・言行不一致に陥る様をも語らねばなるまい。それらはジキル博士とハイド氏のような、一つの身体に宿る二つの人格なのではなく、一つの人格の二つの側面なのである。またヴェーバーの重んじた主体とは、彼個人だけでなく、彼の属する交友範囲、将校団、学部、大学、国家、国民、民族も含まれ、個人主体と集団主体との対立(特に戦後左派の関心事である、個人と国民・民族・国家との対立)は、彼には十分意識されていない面もあった。副題を「主体的人間の悲喜劇」としたのは、もはや「主体的英雄の偉業」に喝采する研究状況でもあるまいとの思いからである。

本書はまた「近代批判的ヴェーバー研究の歴史学的批判」でもある。ヴェーバーを、近代社会の限界を見通した「マージナル・マン」、アスコナやシュヴァービングに集うボヘミアンとの対話者、人種主義と闘う人道家などとして称揚する論者は、この半世紀で多くなった。彼らに共通するのは、世事を超越して知的に精進した求道者としてヴェーバーを描こうという、「政治嫌い」の傾向である。政治を低レベルの営みのように見て、「知的高み」からこれを診断するというのは、知識人の世界ではおなじみの行動様式だが、ヴェーバー自身にもそうした姿勢が見られた。だがにもかかわらず、彼がドイツ国民国家の熱烈な支持者であり、その運命について悩み続け、対独包囲網に「俺のケツを舐めろ」と啖呵を切ったという事実を踏まえないと、やはりヴェーバーの思想は理解できない。またヴェーバーのポーランド問題、カトリック問題、黒人問題、女性問題などに関する両義的態度を度外視して、一方的に「近代批判者ヴェーバー」のみを謳い上げても、それは研究として説得力を欠くことになる。さらにヴェーバーが精神疾患を経て思想や人格を大きく変えたかのような解釈も、伝記研究として支持できない。先行研究者には、ヴェーバーの「現代的意義」を説きたいと願うあまり、その時代の知的流行をヴェーバーに過剰に投影する嫌いがあった。そして研究者同士の世代間・個人間の確執も、研究成果に反映されてきたのである。だが近代主義的な第一世代（大塚久雄、丸山真男、青山秀夫、内田芳明ら）も、近代批判的な第二世代（安藤英治、折原浩、山之内靖ら）も、理念先行のヴェーバー解釈では変わりないと、第三世代の私は考えている。いずれにしろ『全集』刊行に伴う史料的基盤の拡大で、これまでのヴェーバー像は刷新されることになるだろう。

今後は他の社会・人文研究者にも、ヴェーバー研究へのより一層の参画を促したい。ナショナリズムを知性の欠如だと思い込んでいる人々は、一度「知的巨人」のそれに正面から向かってみると、また別な印象を得られるかもしれない。「過去の克服」、フェミニズム、多文化主義を唱道し、教養市民を揶揄する面々が、ハイデガー、マイネッケ、ランケ、シュミットのことは批判しつつ、ヴェーバーだけは祀り上げるというのも頂けない。とはいえ従来は、ヴェーバー本人や妻マリアンネに感化されたヴェーバー「専門家」が、新参者を寄せ付けないかのような閉鎖的雰囲気があった。確かに学問は厳密なものでなければならないが、それはやはり万人に開かれていなくてはならない。学説批判は、相手を排除するためのものではなく、相互に高め合うものでなければ意味がないのである。

ここに筆を擱くに際し、一言謝辞を申し上げたい。まず筆者のヴェーバー研究における四人の恩師、すなわち六本佳平名誉教授(東京大学)、M・R・レプシウス名誉教授(ハイデルベルク大学)、亀嶋庸一名誉教授(成蹊大学)、福田有広助教授(東京大学)に、ご指導への感謝を捧げたいと考える。次いで今回の執筆に際し、愛知県立大学で出講されている小林正嗣講師(ハイデガー研究)、水谷仁講師(ヴェーバー研究)、野村仁子講師(宗教学)から、貴重な助言を頂いたことにも感謝したい。最後に、岩波書店新書編集部の中山永基氏、杉田守康氏に、今回のお話を下さったことについて御礼を申し上げる。

二〇二〇年一月二五日　長久手古戦場

今野　元

主要文献一覧

［未公刊史料］

Geheimes Staatsarchiv Preußischer Kulturbesitz［GStA：ベルリン文書］

VI. HA Familienarchive und Nachlässe, Nl. Max Weber.

Bayerische Staatsbibliothek München［BSB：ミュンヒェン文書］

Ana 446 Depot: Weber-Schäfer, Nachlaß Max und Marianne Weber.

Ana 446 Depot: Bayerische Akademie der Wissenschaften München, Nachlaß Max Weber.

Generallandesarchiv Karlsruhe

Königlich Preußisches XIV. Armeekorps

Großherzoglich Badisches Ministerium des Kultus und Unterrichts

Burschenschaft Allemannia Heidelberg

Reinbach, Wolf-Diedrich, Max Weber und die Burschenschaft Allemannia Heidelberg, Heidelberg 1999（Privatarbeit）.

［主要公刊史料］

Max Weber, Gesammelte Politische Schriften, hrsg. v. Johannes Winckelmann, 2., erweiterte Aufl., Tübingen 1958.

Max Weber-Gesamtausgabe. Im Auftrag der Kommission für Sozial- und Wirtschaftsgeschichte der Bayerischen Akademie der Wissenschaften [MWG], Tübingen 1984-[2020].

Max Weber, Reisebriefe 1877-1914, hrsg. v. Rita Aldenhoff-Hübinger und Edith Hanke, Tübingen 2019.

［主要邦訳書（本書執筆時に参照したもの・あいうえお順）］

阿閉吉男／佐藤自郎訳『マックス・ウェーバー　青年時代の手紙　新訳』上下巻（文化書房博文社、一九九五年）。

内田芳明訳『古代ユダヤ教』上中下巻（岩波書店、一九九六年）。

大塚久雄訳『プロテスタンティズムの倫理と資本主義の精神』（岩波書店、一九八九年）。

大塚久雄／生松敬三訳『宗教社会学論選』第二一刷（みすず書房、一九九四年）。

尾高邦雄訳『職業としての学問』第六九刷（岩波書店、一九九四年）。

梶山力訳／安藤英治編『プロテスタンティズムの倫理と資本主義の《精神》』第二刷（未來社、一九九八年）。

祇園寺信彦／祇園寺則夫訳『社会科学の方法』第七刷（講談社、一九九八年）。

木全徳雄訳『儒教と道教』第一〇刷（創文社、一九九七年）。

出口勇蔵／松井秀親／中村貞二訳『ウェーバー社会科学論集』（河出書房新社、一九八二年）。

富永祐治／立野保男訳・折原浩補訳『社会科学と社会政策にかかわる認識の「客観性」』（岩波書店、一九九八年）。

深沢宏訳『ヒンドゥー教と仏教』（東洋経済新報社、二〇〇二年）。

松井秀親訳『ロッシャーとクニース』復刊（未來社、二〇〇一年）。

脇圭平訳『職業としての政治』第二三刷（岩波書店、一九九二年）。

［主要文献など（アルファベット順）］

安藤英治『ウェーバー紀行』（岩波書店、一九七二年）。
安藤英治『マックス・ウェーバー』（講談社、二〇〇三年）。
安藤英治聞き手／亀嶋庸一編／今野元訳『回想のマックス・ウェーバー』（岩波書店、二〇〇五年）。
青山秀夫『マックス・ウェーバー』（岩波書店、一九五一年）。
ブルガーコフほか（長縄光男／御子柴道夫監訳）『道標』（現代企画室、一九九一年）。
出口勇藏『經濟學と歴史意識』（弘文堂、一九四三年）。
Demm, Eberhard (Hrsg.), Alfred Weber als Politiker und Gelehrter, Wiesbaden 1986.
Frommer, Jörg/Frommer, Sabine, Max Webers Krankheit, in: Fortschritte der Neurologie - Psychiatrie, Jg. 66, 1998, S. 193-200.
Fügen, Hans Norbert, Max Weber, Reinbeck 1985.
Hanke, Edith/Hübinger, Gangolf/Schwentker, Wolfgang, Die Entstehung der Max Weber-Gesamtausgabe und der Beitrag von Wolfgang J. Mommsen, in: Christoph Cornelißen (Hrsg.), Geschichtswissenschaft im Geist der Demokratie, Berlin 2010, S. 207-238.
羽入辰郎『学問とは何か』（ミネルヴァ書房、二〇〇八年）。
Hennis, Wilhelm, Max Webers Wissenschaft vom Menschen, Tübingen 1994.
Hitler, Adolf, Mein Kampf, Eine kritische Edition, München 2016（平野一郎／将積茂訳『わが闘争』上下巻、角川書店、一九七三年）.
Huber, Ernst Rudolf, Deutsche Verfassungsgeschichte seit 1789, Bd. 4: Struktur und Krisen des Kaiserreichs,

Stuttgart 1969.
Jaffé, Else, Biographische Daten Alfred Webers (1868–1919), in: Demm (Hrsg.), Alfred Weber als Politiker und Gelehrter, S. 178–198.
Kaesler, Dirk, Max Weber, München 2014.
Klingemann, Carsten, Soziologie im Dritten Reich, Baden-Baden 1996.
König, René/Winckelmann, Johannes (Hrsg.), Max Weber zum Gedächtnis, Köln/Opladen 1963.
今野元『マックス・ヴェーバーとポーランド問題』(東京大学出版会、二〇〇三年)。
Konno, Hajime, Max Weber und die polnische Frage (1892–1920), Baden-Baden 2004.
今野元『マックス・ヴェーバー』(東京大学出版会、二〇〇七年)。
今野元『多民族国家プロイセンの夢』(名古屋大学出版会、二〇〇九年)。
今野元編訳『少年期ヴェーバー　古代・中世史論』(岩波書店、二〇〇九年)。
今野元『吉野作造と上杉愼吉』(名古屋大学出版会、二〇一八年)。
今野元『フランス革命と神聖ローマ帝国の試煉』(岩波書店、二〇一九年)。
Konno, Hajime, Gespräch mit Edith Hanke,『愛知県立大学大学院国際文化研究科論集』第二一号(二〇二〇年)、一八九―二二四頁。
今野元「普遍史論に基づく皇国史観――穂積陳重「祖先教」論の系譜学」、瀧井一博編『明治という遺産』所収(ミネルヴァ書房、二〇二〇年刊行予定)。
クリューガー、クリスタ(徳永恂ほか訳)『マックス・ウェーバーと妻マリアンネ』(新曜社、二〇〇七年)。
牧野雅彦『責任倫理の系譜学』(日本評論社、二〇〇〇年)。
Mehring, Reinhard, Edition und Rezeption. Max Weber, Carl Schmitt und Martin Heidegger(二〇一三年九月二

一日・成蹊大学思想史研究会(北海道大学ドイツ史研究会と共催)講演・未公刊).
Meurer, Bärbel (Hrsg.), Marianne Weber, Tübingen 2010.
モムゼン、ヴォルフガング・J(安世舟ほか訳)『マックス・ヴェーバーとドイツ政治 1890〜1920』二巻(未來社、一九九三・九四年)。
Nipperdey, Thomas, Deutsche Geschichte 1866–1918, Bd. 1: Arbeitswelt und Bürgergeist, München 1990.
野﨑敏郎『大学人ヴェーバーの軌跡』(晃洋書房、二〇一一年)。
折原浩『危機における人間と学問』(未來社、一九六九年)。
折原浩『マックス・ヴェーバーとアジア』(平凡社、二〇一〇年)。
大塚久雄ほか『マックス・ヴェーバー研究』(岩波書店、一九六五年)。
ポイカート、デートレフ(雀部幸隆/小野清美訳)『ウェーバー 近代への診断』(名古屋大学出版会、一九九四年)。
Radkau, Joachim, Max Weber, München/Wien 2005.
Roth, Guenther, Max Webers deutsch-englische Familiengeschichte 1800–1950, Tübingen 2005.
坂敏宏「Max Weberの〝価値自由〟の科学論的意義――テキストの再検討」、『社会学評論』第六五巻(二〇一四年)、二七〇―二八六頁。
佐野誠『ヴェーバーとナチズムの間』(名古屋大学出版会、一九九三年)。
雀部幸隆『ウェーバーとワイマール』(ミネルヴァ書房、二〇〇一年)。
Scaff, Lawrence A., Max Weber in America, Princeton University Press 2011.
Schmitt, Carl, Römischer Katholizismus und politische Form, 2. Aufl., Stuttgart 1984.
Schmitt, Carl, ‚Solange das Imperium da ist', Berlin 2010.

椎名重明『プロテスタンティズムと資本主義』(東京大学出版会、一九九六年)。
ゾンバルト、ヴェルナー(金森誠也訳)『ユダヤ人と経済生活』(講談社、二〇一五年)。
Swart, Friedrich (Hrsg.), Aus Leo Wegeners Lebensarbeit, Poznań 1938.
立木勝訳『ヒトラー第二の書』(成甲書房、二〇〇四年)。
Takebayashi, Shiro, Die Entstehung der Kapitalismustheorie in der Gründungsphase der deutschen Soziologie, Berlin 2003.
田村信一『ドイツ歴史学派の研究』(日本経済評論社、二〇一八年)。
Treiber, Hubert, Der „Eranos" – Das Glanzstück im Heidelberger Mythenkranz?, in: Wolfgang Schluchter/Friedrich Wilhelm Graf (Hrsg.), Asketischer Protestantismus und der ‚Geist' des modernen Kapitalismus, Tübingen 2005, S. 75–153.
Uebersicht über die Verhandlungen im Hause der Abgeordneten in Bezug auf den Staatshaushalts-Etat für die Jahre 1893–1898.
上山安敏『神話と科学』(岩波書店、一九八四年)。
ウェーバー、マリアンネ(大久保和郎訳)『マックス・ウェーバー』(みすず書房、一九八七年)。
Weber, Marianne, Frauen auf der Flucht, Bielefeld 2005.
ヴェーラー、ハンス＝ウルリヒ(大野英二／肥前榮一訳)『ドイツ帝国 一八七一―一九一八年』(未來社、一九八三年)。
八木紀一郎『ウィーンの経済思想』(ミネルヴァ書房、二〇〇四年)。
山之内靖『マックス・ヴェーバー入門』(岩波書店、一九九七年)。
吉田八岑監訳『ヒトラーのテーブル・トーク 1941－1944』上下巻(三交社、一九九四年)。

図版出典一覧

図42　今野元撮影、二〇一二年八月五日
図43　今野元撮影、二〇一九年九月一〇日
これ以外の写真はWikipedia(ドイツ語版)の各項目のものを用いた。

岩波新書より

ケインズ　伊東光晴
アダム・スミス　高島善哉
資本論の世界　内田義彦
資本論の経済学　宇野弘蔵

経済

- 日本の税金〔第3版〕 三木義一
- 金融政策に未来はあるか 岩村充
- 経済数学入門の入門 田中久稔
- 地元経済を創りなおす 枝廣淳子
- 会計学の誕生 渡邉泉
- 偽りの経済政策 服部茂幸
- ミクロ経済学入門の入門 坂井豊貴
- 経済学のすすめ 佐和隆光
- ガルブレイス 伊東光晴
- ユーロ危機とギリシャ反乱 田中素香
- ポスト資本主義 科学・人間・社会の未来 広井良典
- タックス・イーター 志賀櫻
- コーポレート・ガバナンス 花崎正晴
- グローバル経済史入門 杉山伸也
- 新・世界経済入門 西川潤
- 金融政策入門 湯本雅士
- 日本経済図説〔第四版〕 宮崎勇・本庄真・田谷禎三

- 新自由主義の帰結 服部茂幸
- タックス・ヘイブン 志賀櫻
- WTO 貿易自由化を超えて 中川淳司
- 日本財政 転換の指針 井手英策
- 日本の税金〔新版〕 三木義一
- 世界経済図説〔第三版〕 宮崎勇・田谷禎三
- 成熟社会の経済学 小野善康
- 平成不況の本質 大瀧雅之
- 原発のコスト 大島堅一
- 次世代インターネットの経済学 依田高典
- ユーロ 危機の中の統一通貨 田中素香
- 低炭素経済への道 諸富徹・浅岡美恵
- 「分かち合い」の経済学 神野直彦
- グリーン資本主義 佐和隆光
- 消費税をどうするか 小此木潔
- 国際金融入門〔新版〕 岩田規久男
- 金融商品とどうつき合うか 新保恵志

- 金融NPO 藤井良広
- 地域再生の条件 本間義人
- 経済データの読み方〔新版〕 鈴木正俊
- 格差社会 何が問題なのか 橘木俊詔
- 景気とは何だろうか 山家悠紀夫
- 環境再生と日本経済 三橋規宏
- 社会的共通資本 宇沢弘文
- 景気と国際金融 小野善康
- 経営革命の構造 米倉誠一郎
- ブランド 価値の創造 石井淳蔵
- 景気と経済政策 小野善康
- 戦後の日本経済 橋本寿朗
- 共生の大地 新しい経済がはじまる 内橋克人
- シュンペーター 伊東光晴・根井雅弘
- 経済学の考え方 宇沢弘文
- 経済学とは何だろうか 佐和隆光
- イギリスと日本 森嶋通夫
- 近代経済学の再検討 宇沢弘文

法律

治安維持法と共謀罪　内田博文
裁判の非情と人情　原田國男
独占禁止法〔新版〕　村上政博
密着 最高裁のしごと　川名壮志
「法の支配」とは何か 行政法入門　大浜啓吉
会社法入門〔新版〕　神田秀樹
憲法への招待〔新版〕　渋谷秀樹
比較のなかの改憲論　辻村みよ子
大災害と法　津久井進
変革期の地方自治法　兼子仁
原発訴訟　海渡雄一
労働法入門　水町勇一郎
人が人を裁くということ　小坂井敏晶
知的財産法入門　小泉直樹
消費者の権利〔新版〕　正田彬
司法官僚 裁判所の権力者たち　新藤宗幸
名誉毀損　山田隆司

刑法入門　山口厚
家族と法　二宮周平
憲法とは何か　長谷部恭男
良心の自由と子どもたち　西原博史
著作権の考え方　岡本薫
有事法制批判　憲法再生フォーラム編
法とは何か〔新版〕　渡辺洋三
民法のすすめ　星野英一
日本社会と法　渡辺洋三・甲斐道太郎・広渡清吾・小森田秋夫編
日本の憲法〔第三版〕　長谷川正安
憲法と天皇制　横田耕一
自由と国家　樋口陽一
憲法第九条　小林直樹
納税者の権利　北野弘久
小繋事件　戒能通孝
日本人の法意識　川島武宜

カラー版

カラー版 国芳　岩切友里子
カラー版 知床・北方四島　大泰司紀之・本間浩昭
カラー版 西洋陶磁入門　大平雅巳
カラー版 すばる望遠鏡の宇宙　海部宣男・宮下曉彦写真
カラー版 ベトナム 戦争と平和　石川文洋
カラー版 難民キャンプの子どもたち　田沼武能
カラー版 メッカ　野町和嘉
カラー版 シベリア動物誌　福田俊司
カラー版 ハッブル望遠鏡が見た宇宙　野本陽代・R・ウィリアムズ
カラー版 妖怪画談　水木しげる

政治

日米安保体制史　吉次公介
官僚たちのアベノミクス　軽部謙介
在日米軍 変貌する日米安保体制　梅林宏道
憲法改正とは何だろうか　高見勝利
共生保障〈支え合い〉の戦略　宮本太郎
シルバー・デモクラシー 戦後世代の覚悟と責任　寺島実郎
憲法と政治　青井未帆
18歳からの民主主義　岩波新書編集部編
検証 安倍イズム　柿崎明二
右傾化する日本政治　中野晃一
外交ドキュメント 歴史認識　服部龍二
日米〈核〉同盟 原爆、核の傘、フクシマ　太田昌克
集団的自衛権と安全保障　豊下楢彦・古関彰一
日本は戦争をするのか　半田滋
アジア力の世紀　進藤榮一

民族紛争　月村太郎
自治体のエネルギー戦略　大野輝之
政治的思考　杉田敦
現代日本の政党デモクラシー　中北浩爾
サイバー時代の戦争　谷口長世
現代中国の政治　唐亮
日本の国会　大山礼子
戦後政治史〔第三版〕　石川真澄・山口二郎
〈私〉時代のデモクラシー　宇野重規
大臣〔増補版〕　菅直人
生活保障 排除しない社会へ　宮本太郎
「ふるさと」の発想　西川一誠
「戦地」派遣 変わる自衛隊　半田滋
民族とネイション　塩川伸明
昭和天皇　原武史
集団的自衛権とは何か　豊下楢彦
沖縄密約　西山太吉
ルポ 改憲潮流　斎藤貴男

吉田茂　原彬久
安心のファシズム　斎藤貴男
市民の政治学　篠原一
東京都政　佐々木信夫
有事法制批判　憲法再生フォーラム編
日本政治 再生の条件　山口二郎編著
安保条約の成立　豊下楢彦
岸信介　原彬久
自由主義の再検討　藤原保信
一九六〇年五月一九日　日高六郎編
日本の政治風土　篠原一
近代の政治思想　福田歓一
日本精神と平和国家　矢内原忠雄

岩波新書より

哲学・思想

岩波新書新赤版一〇〇〇点に際して

ひとつの時代が終わったと言われて久しい。だが、その先にいかなる時代を展望するのか、私たちはその輪郭すら描きえていない。二〇世紀から持ち越した課題の多くは、未だ解決の緒を見つけることのできないままであり、二一世紀が新たに招きよせた問題も少なくない。グローバル資本主義の浸透、憎悪の連鎖、暴力の応酬——世界は混沌として深い不安の只中にある。

現代社会においては変化が常態となり、速さと新しさに絶対的な価値が与えられた。消費社会の深化と情報技術の革命は、種々の境界を無くし、人々の生活やコミュニケーションの様式を根底から変容させてきた。ライフスタイルは多様化し、一面では個人の生き方をそれぞれが選びとる時代が始まっている。同時に、新たな格差が生まれ、様々な次元での亀裂や分断が深まっている。社会や歴史に対する意識が揺らぎ、普遍的な理念に対する根本的な懐疑や、現実を変えることへの無力感がひそかに根を張りつつある。そして生きることに誰もが困難を覚える時代が到来している。

しかし、日常生活のそれぞれの場で、自由と民主主義を獲得し実践することを通じて、私たち自身がそうした閉塞を乗り超え、希望の時代の幕開けを告げてゆくことは不可能ではあるまい。そのために、いま求められていること——それは、個と個の間で開かれた対話を積み重ねながら、人間らしく生きることの条件について一人ひとりが粘り強く思考することではないか。その営みの糧となるものが、教養に外ならないと私たちは考える。歴史とは何か、よく生きるとはいかなることか、世界そして人間はどこへ向かうべきなのか——こうした根源的な問いとの格闘が、文化と知の厚みを作り出し、個人と社会を支える基盤としての教養となった。まさにそのような教養への道案内こそ、岩波新書が創刊以来、追求してきたことである。

岩波新書は、日中戦争下の一九三八年一一月に赤版として創刊された。創刊の辞は、道義の精神に則らない日本の行動を憂慮し、批判的精神と良心的行動の欠如を戒めつつ、現代人の現代的教養を刊行の目的とする、と謳っている。以後、青版、黄版、新赤版と装いを改めながら、合計二五〇〇点余りを世に問うてきた。そして、いままた新赤版が一〇〇〇点を迎えたのを機に、人間の理性と良心への信頼を再確認し、それに裏打ちされた文化を培っていく決意を込めて、新しい装丁のもとに再出発したいと思う。一冊一冊から吹き出す新風が一人でも多くの読者の許に届くこと、そして希望ある時代への想像力を豊かにかき立てることを切に願う。

（二〇〇六年四月）

今野 元

1973年生まれ．愛知県立大学外国語学部教授．博士(法学)(東京大学)．Dr. phil. (Humboldt-Universität zu Berlin)．専門は欧州国際政治史，ドイツ政治思想史，日本近現代史．2002年ベルリン大学第一哲学部歴史学科修了．2005年東京大学大学院法学政治学研究科博士課程修了．2006年愛知県立大学外国語学部専任講師，准教授を経て2015年より現職．
著書に，『マックス・ヴェーバー──ある西欧派ドイツ・ナショナリストの生涯』『教皇ベネディクトゥス一六世──「キリスト教的ヨーロッパ」の逆襲』(以上，東京大学出版会)，『多民族国家プロイセンの夢──「青の国際派」とヨーロッパ秩序』『吉野作造と上杉愼吉──日独戦争から大正デモクラシーへ』(以上，名古屋大学出版会)，『フランス革命と神聖ローマ帝国の試煉──大宰相ダールベルクの帝国愛国主義』(岩波書店)などがある．

マックス・ヴェーバー
── 主体的人間の悲喜劇　　　岩波新書(新赤版)1834

2020年5月20日　第1刷発行
2020年9月15日　第3刷発行

著 者　今野《こんの》 元《はじめ》

発行者　岡本 厚

発行所　株式会社 岩波書店
〒101-8002 東京都千代田区一ツ橋 2-5-5
案内 03-5210-4000　営業部 03-5210-4111
https://www.iwanami.co.jp/

新書編集部 03-5210-4054
https://www.iwanami.co.jp/sin/

印刷製本・法令印刷　カバー・半七印刷

ISBN 978-4-00-431834-7　　Printed in Japan

マックス・ヴェーバー略年譜

1842年 8 月29日	英清間で南京条約締結(アヘン戦争終結)
1853年 7 月 8 日(日本6月3日)	アメリカ艦隊が浦賀沖に出現(黒船来航)
1862年 9 月23日	オットー・フォン・ビスマルク，プロイセン首相に就任
1864年 2 月 1 日	ドイツ・デンマーク戦争(シュレスヴィヒ＝ホルシュタイン戦争)開始
1864年 4 月21日	マックス・ヴェーバー生誕(プロイセン王国エルフルト)
1866年 7 月 3 日	ドイツ戦争(普墺戦争)：ケーニヒグレーツでプロイセン側勝利
1868年	ヴェーバー家，エルフルトからベルリンへ(のち，さらにシャルロッテンブルクへ)移住
1871年 1 月18日	独仏戦争(普仏戦争)：ヴェルサイユ宮殿でドイツ皇帝宣言
1872年10月6日・7日	社会政策学会第一回大会(アイゼナハ)
1876年12月	ヴェーバー，作文「シュタウフェン家」の執筆
1877年	ヴェーバー，作文「ローマ帝制期――民族大移動の時代」の執筆
1877年 1 月 1 日	ヴェーバー，作文「ドイツ史の経過一般」の執筆開始
1877年夏	父マックス，弟アルフレートと見学旅行(ブロッケン山，ヴェストファーレン)
1878年夏	父マックス，弟アルフレート，カールと見学旅行(テューリンゲン，ライン地方)
1878年12月ころ	ヴェーバー，暗殺未遂後療養から還幸したドイツ皇帝ヴィルヘルム一世を目撃
1879年 3 月30日	ヴェーバー，シャルロッテンブルクのルイーゼ教会で堅信礼
1879年12月末	ヴェーバー，作文「インド＝ゲルマン諸国民における民族の性格・民族の発展・民族の歴史についての考察」完成

マックス・ヴェーバー略年譜

1880年夏	ヴェーバー，一人でシュレジエン，ベーメン旅行
1882年春	ヴェーバー，ハイデルベルク大学で大学生生活を開始(三学期滞在)
1882年秋	ヴェーバー，ブルシェンシャフト・アレマニア・ハイデルベルクに入団
1883年10月1日	ヴェーバー，帝国領エルザス=ロートリンゲン駐在のプロイセン軍で兵役開始・シュトラスブルク大学に登録(翌年9月30日まで)
1884年秋	ヴェーバー，ベルリン大学に登録(二学期)，ドイツ自由主義の凋落を慨嘆
1885年秋	ヴェーバー，ゲッティンゲン大学に登録(一学期のみ)
1886年4月26日	西プロイセン州及びポーゼン州におけるドイツ人植民促進に関する法律
1886年5月15日	ヴェーバー，ツェレ高等領邦裁判所で第一次司法試験合格
1888年3月9日	ドイツ皇帝・プロイセン王ヴィルヘルム一世崩御，フリードリヒ三世即位
1888年6月15日	ドイツ皇帝・プロイセン王フリードリヒ三世崩御，ヴィルヘルム二世即位
1888年夏	ヴェーバー，ポーゼンで軍事演習に参加
1889年8月1日	ヴェーバー，法学博士号取得のための公開討論(ベルリン大学)
1890年3月18日	ドイツ帝国宰相・プロイセン首相オットー・フォン・ビスマルク侯爵退陣
1890年7月	ヴェーバー，ブレーメン商業会議所で就職面接(不合格)
1890年10月18日	ヴェーバー，第二次司法試験合格
1891年10月1日	ヴェーバー，新著『ローマ農業史』などを教授資格審査のためにベルリン大学法学部に提出
1892年1月19日	ヴェーバー，教授資格取得の模擬講義
1892年2月1日	ヴェーバー，ベルリン大学法学部私講師就任講演，次学期から商法などの講義開始
1893年3月20日	ヴェーバー，社会政策学会ベルリン大会で報告「ドイツ農業構造」

1893年9月20日	マックス・ヴェーバーとマリアンネ・シュニットガー，エールリングハウゼン(リッペ侯国)で結婚
1893年9月末・10月初	ヴェーバー夫妻，新婚旅行を実施(ロンドン，ワイト島，パリなど)
1893年11月25日	ヴェーバー，ベルリン大学法学部員外教授に昇進
1894年5月16日	ヴェーバー，第五回福音社会会議で報告「ドイツ農業労働者」
1894年9月9日	ヴェーバー，全ドイツ連盟ベルリン大会で登壇，その直後フライブルク大学に経済学正教授として赴任
1894年11月	ヴェーバー，『取引所Ⅰ――取引所の目的と外的組織』刊行
1895年5月13日	ヴェーバー，フライブルク大学正教授就任講演「経済における国民性」(のち『国民国家と経済政策』として刊行)
1895年7月13日	ポーランド人学生ズドゥンスキ，ヴェーバーを「豚野郎」と罵倒する書簡を書く
1895年夏	ヴェーバー夫妻，スコットランド・アイルランド旅行
1896年	ヴェーバー，講演「古代文化没落の社会的理由」
1896年4月15日	農業家同盟，機関誌でヴェーバーを「市民的ショーヴィニズムの教授」と呼ぶ
1896年6月1日	フライブルク大学法・国家学部設立(ヴェーバーの発案)
1896年秋	ヴェーバー，『取引所Ⅱ――取引所への出入』刊行
1896年11月19日–26日	ヴェーバー，帝国内務省の臨時取引所委員会に参加
1897年春	ヴェーバー，ハイデルベルク大学哲学部へ赴任
1897年6月14日	ヴェーバー，母ヘレーネの長男夫妻訪問をめぐって父マックスと大きな口論
1897年8月10日	父マックス，リガで客死
1897年夏	ヴェーバー夫妻，フランス・スペイン旅行

1897年晩夏	ヴェーバーの体調不良顕在化(当初はマラリア感染との見立ても)
1898年 1月	ヴェーバー，『ミュンヒェン一般新聞』の艦隊アンケートでドイツの「世界政策」遂行を称揚
1898年 3月19日	ヴェーバー，精神科医エミール・クレペリンから過労による神経衰弱との診断，「理性的な生活」を指示される
1898年春	ヴェーバー，マリアンネ，アルフレートとレマン湖畔で静養
1898年夏学期	ヴェーバー，授業を行うも体調悪化，小野塚喜平次のヴェーバー講義「労働者問題と労働者運動」登録
1898年夏	ヴェーバー，コンスタンツの療養院に滞在
1899年 4月22日	ヴェーバー，全ドイツ連盟のポーランド人排斥を不充分として脱退表明
1900年 1月 7日	ヴェーバー，最初の辞意表明
1900年 6月21日	義和団の乱(清国が列強に宣戦布告)
1900年夏・秋・冬	ヴェーバー，ウーラハのサナトリウムに滞在
1900年 8月25日	フリードリヒ・ニーチェ死去
1901年夏−1902年春	ヴェーバー，イタリア滞在(主にローマ，さらにフィレンツェ，ミラノなど)，一時にシュヴァイツにも滞在
1902年 3月26日	ヴェーバー，二度目の辞意表明
1902年年末−1903年年始	ヴェーバー，北イタリア滞在(ジェノヴァなど)
1903年 4月16日	ヴェーバー，三度目の辞意表明
1903年夏・秋	ヴェーバー，オランダ・ベルギーに滞在
1903年10月 1日	ヴェーバー，常勤正教授を引退しハイデルベルク大学名誉正教授に
1903年	ヴェーバー，論文「ロッシャーとクニース」発表開始
1904年前半	ヴェーバー，「市民層の封建化」批判開始，論文「社会科学的・社会政策的認識の「客観性」」発表
1904年 9月初頭	ヴェーバー，ニューヨーク港へ入港
1904年 9月21日	ヴェーバー，セントルイスの万国博覧会で講演

1904年・1905年	ヴェーバー，論文「プロテスタンティズムの倫理と資本主義の「精神」」発表
1905年1月22日	血の日曜日事件(サンクトペテルブルク)
1905年5月27日	日本海海戦(日本の連合艦隊がロシアのバルチック艦隊を撃破)
1905年9月28日	社会政策学会マンハイム大会最終日にシュモラー理事長のナウマン評にヴェーバーが抗議
1906年初頭	ヴェーバー，論文「ロシアにおける市民的民主主義の状況について」発表
1906年4月13日・15日	ヴェーバー，論文「「教会」と「ゼクテ」」発表
1906年6月14日・21日	ヴェーバー，論文「北アメリカにおける「教会」と「ゼクテ」」発表
1906年夏	ヴェーバー，論文「ロシアの表見的立憲君主制への移行」発表
1906年秋	ヴェーバー，ローマ・トリノ滞在
1907年春	ヴェーバー，北イタリア(コモ湖畔)滞在
1907年夏	ヴェーバー，オランダ・ベルギーに滞在
1908年春	ヴェーバー，南フランス・北イタリア滞在
1908年11月30日	ヴェーバー，国民自由党ハイデルベルク集会で発言(ロシア脅威論)
1909年春	ヴェーバー，北イタリア滞在(マッジョーレ湖畔)
1909年	ヴェーバー，拡大版「古代農業事情」を発表
1909年3月16日(露3日)	ロシア自由主義系新聞『ロシア報知』がヴェーバーのロシア脅威論を批判
1909年3月30日(露17日)	ヴェーバー，『ロシア報知』に弁明を投稿
1909年9月29日	社会政策学会ヴィーン大会で「価値判断論争」勃発
1910年春	ヴェーバー，北イタリア(レーリチ)滞在
1910年8月1日	ヴェーバー，ベルギー滞在(ブルッヘ)
1910年	ヴェーバー夫妻がファレンシュタイン・ヴィラに入居
1910年11月20日	レフ・トルストイ死去
1910年12月3日	アルノルト・ルーゲの婦人運動批判

1911年春	ヴェーバー，シュヴァイツ・北イタリア滞在(ヴヴェー，トリノなど)
1911年秋	ヴェーバー，パリ滞在
1911年10月13日	ヴェーバー，第四回大学教官会議ドレスデン大会で発言：商科大学批判・「アルトホフ体制」批判
1912年春	ヴェーバー，南フランス滞在
1912年12月20日	ヴェーバー，ピロゴフ読書室五〇周年記念式典で演説
1913年春	ヴェーバー，シュヴァイツ滞在(アスコナでフリーダ・グロスの法律的支援など)
1913年秋	ヴェーバー，イタリア滞在(ローマ，シエナ，アッシジなど)
1913年10月3日	アルツゥール・ザルツ『近世ベーメン工業の歴史』に関するパウル・ザンダーの酷評
1913年	ヴェーバー，「価値判断論議についての所見」配布
1914年1月5日	社会政策学会，ベルリンで価値判断に関する非公開討論
1914年春	ヴェーバー，シュヴァイツ滞在(アスコナなど)
1914年8月1日	ドイツ帝国，ロシア帝国に宣戦布告
1914年8月2日	ヴェーバー，プロイセン陸軍後備役中尉として出頭，ハイデルベルクで野戦病院勤務開始
1914年8月26日	陸軍少尉ヘルマン・シェーファー(義弟・建築家)，タンネンベルク付近で戦死
1915年1月27日	ヴェーバー，陸軍後備役大尉に昇進
1915年5月25日	志願兵エミール・ラスク(ハイデルベルク大学員外教授)，ガリツィアで戦死
1915年8月22日	陸軍大尉カール・ヴェーバー(次弟・ハノーファー工科大学教授)，ブレスト・リトフスク付近で戦死
1915年夏	ヴェーバー，ブリュッセルに滞在しドイツ軍占領視察，政治的役割の模索
1915年9月30日	ヴェーバー，陸軍野戦病院委員会を退官
1915年10月ころ	ナウマン『中欧』刊行
1915年11月17日	ヴェーバー，ベルリンに滞在し約一か月間「ヒ

	ンドゥー教と仏教」の補修及び政治的地位の模索
1915−1917年	ヴェーバー，「儒教と道教」，「ヒンドゥー教と仏教」を発表
1916年10月27日	ヴェーバー，進歩人民党ミュンヒェン集会で講演「ドイツの世界政策的状況」，エルゼと再会
1916年11月 9 日	ヴェーバーのミュンヒェン講演の刊行版「ヨーロッパ世界列強のなかのドイツ」発表
1916年11月25日	ヴェーバーも署名した反潜水艦作戦声明公表
1917年	ヴェーバー，「古代ユダヤ教」発表開始，論文「社会学・経済学における「価値判断排除」の意味」発表
1917年 3 月 8 日 (露2月23日)	ロシア二月革命勃発(サンクトペテルブルク)
1917年 3 月28日	ヴェーバー，「帝国の選挙権緊急法　復員兵士の権利」を発表
1917年 4 月26日	ヴェーバー，「ロシアの表見的民主制への移行」を発表
1917年11月 7 日	ヴェーバー，講演「職業としての学問」
1918年夏学期	ヴェーバー，ヴィーン大学で授業再開の実験
1918年 6 月13日	ヴェーバー，ヴィーンのハプスブルク帝国軍将校団を前に講演「社会主義」を実施
1918年11月 9 日	ベルリンでフィリップ・シャイデマンの共和国宣言，カール・リープクネヒトの社会主義共和国宣言
1918年11月11日	ドイツ，休戦協定に署名
1918年11月23日	バイエルン首相クルト・アイスナー，ドイツ開戦責任説を提起
1918年12月 9 日−12日	ヴェーバー，ドイツ内務省で憲法草案起草に従事
1919年 1 月 5 日	ヴェーバー，ドイツ国民議会議員選挙への立候補取りやめ
1919年 1 月17日	ヴェーバー，「「戦争の罪」について」を発表しドイツの開戦責任を否定
1919年 1 月28日	ヴェーバー，講演「職業としての政治」
1919年 2 月 3	ヴェーバー，私邸で「正義の政治のための研究

日・4日	会」会議を開催(同年6月まで事務局を担当)
1919年 6 月上旬	ヴェーバー，ミュンヒェン大学国家経済学部での授業を開始
1919年 8 月24日	ヴェーバーの盟友フリードリヒ・ナウマン，死去
1919年 9 月22日	ハイデルベルクでヴェーバー夫妻の送別会
1919年10月14日	母ヘレーネ・ヴェーバー，急死
1919年12月ころ	ヴェーバー夫妻，ミュンヒェンのベーラウ邸に入居
1920年 1 月19日	ヴェーバー，ミュンヒェン大学での講義前にアルコ赦免批判，社会主義系学生への侮辱批判
1920年 1 月21日	ヴェーバー，ミュンヒェン大学での講義でアルコ赦免支持派学生の妨害に遭遇
1920年 2 月24日	ドイツ労働者党，国民社会主義ドイツ労働者党(NSDAP)と改称(ミュンヒェン・ホーフブロイハウス)
1920年 3 月13日	カップ=リュトヴィッツ一揆勃発
1920年 4 月 7 日	末妹リリ・シェーファー，自殺
1920年 4 月中旬	ヴェーバー，ドイツ民主党を脱退宣言
1920年 6 月14日	ヴェーバー，急性肺炎にて死去(バイエルン自由国ミュンヒェン)
1920年 6 月17日	ヴェーバーの葬儀，ミュンヒェン東墓地で実施(マリアンネの意志で無宗教に)
1922年	ヴェーバーの『経済と社会』合本初版刊行
1933年 1 月30日	アドルフ・ヒトラー，ドイツ宰相就任
1954年 3 月24日	マリアンネ・ヴェーバー死去
1958年 5 月 2 日	アルフレート・ヴェーバー死去
1973年12月22日	エルゼ・ヤッフェ死去